¡Sssssshhhhhhhhhhhh!

Haz del teatro algo íntimo

Llévalo siempre en el bolsillo

Cubierta y diseño editorial: Éride, Diseño Gráfico
Dirección editorial: ángel jiménez

Primera edición: noviembre , 2025

mil amaneceres
© José Luis Alonso de Santos
© VdB, 2025
Espronceda, 5
28003 Madrid

VdB®

ISBN: 979-13-87644-60-4
Depósito Legal: M-27634-2025
Diseño y preimpresión: Éride, Diseño Gráfico

 Este libro protege el entorno

mil amaneceres

José L. Alonso de Santos

Licenciado en Filosofía y Letras por la Universidad Complutense y en la Facultad de Ciencias de la Información es uno de los autores más representativos del teatro español contemporáneo. Destacan por su éxito *Bajarse al moro, La estanquera de Vallecas* y *Salvajes* (llevadas al cine), *Pares y Nines, El álbum familiar, La sombra del Tenorio, Yonquis y yanquis, Trampa para pájaros, Un hombre de suerte, La cena de los generales, Cuadros de amor y humor al fresco, La comedia de Carla y Luisa* y *¡¡¡Es la guerra!!* (estas dos últimas publicada en esta misma editorial)... La crítica elogia su capacidad para conectar con el espectador a través del uso de un lenguaje aparentemente espontáneo, pero fruto de una cuidadosa reelaboración que sintetiza el lenguaje hablado y el escrito.

Ha sido catedrático de Escritura Dramática, director de la Real Escuela Superior de Arte Dramático de Madrid, de la Compañía Nacional de Teatro Clásico y Primer Presidente de la Academia de las Artes Escénicas de España. Ha publicado libros de investigación teatral (*La Escritura dramática*, y *Manual de Teoría y Práctica Teatral*, Ed. Castalia) y ha sido galardonado con premios como: Nacional de Teatro, Ciudad de Valladolid, Tirso de Molina, Mayte, Autores contemporáneos de Alicante, Max, Medalla de oro de las Letras de Castilla y León, Premio Nacional de las Letras Teresa de Ávila, Premio de la Comunidad de Madrid, etc.

Ha dirigido más de cuarenta obras teatrales de autores como Bertolt Brecht, Aristófanes, Synge, Calderón de la Barca, Pío Baroja, Valle Inclán, Plauto, Shakespeare, Carlos Arniches, etc., así como varios de sus propios textos.

JOSÉ LUIS ALONSO DE SANTOS

mil amaneceres

I. El duelo

Se oye el canto de difuntos en la semioscuridad, interpretado por un coro de monjas con un órgano. En el fondo del escenario una proyección de un gran tapiz con motivos religiosos en el que se lee el cartel: «Hospicio de las Hermanas de la Caridad». En un lateral una caja de pino, recta y muy elemental, en la que adivinamos un cadáver. Detrás de ella una gran cruz dorada. Al otro lado un sillón de época y un reclinatorio en el que han velado el cadáver. Al fondo un cestón con ropa y objetos.

Por el lado contrario de donde está la caja entra BENJAMÍN *Campos, de unos treinta y tantos años de edad, con una ropa elegante y de calidad que marca el lugar y época en que estamos: pleno siglo XVII español. Trae unas flores en la mano. Mira un momento la caja de pino, se acerca, deja sobre ella las flores y se santigua. Se escuchan voces de monja que salen de la oscuridad.*

MONJA   (*Voz en off.*) ¡Ave María Purísima!

MONJAS   (*Voces en off.*) ¡Sin pecado concebida!

    (BENJAMÍN *deja la caja y se dirige al público. Se escucha el ruido de los remos de una galera al*

golpear el agua en la boga, ruido que se repeti-
rá muchas veces a lo largo de la representación.
Habla con voz entristecida.)

BENJAMÍN   Le conocí en galeras. Remaba en el banco treinta fondo a babor, pegado al casco, por lo que
apenas tenía sitio el hombre para moverse, y
yo fui muchas veces hasta allí con mi cacillo
de agua a calmar su sed, como lo hacía con
los demás remeros de la galera, ya que mi tarea, desde que embarcamos y bajamos a donde los remos, fue precisamente esa: dar agua
a los remeros.

Yo me salvé de ser encadenado a un banco por mis pocos años, y quedé encargado
de ese trabajo, mucho más llevadero que el de
ellos, porque estaba suelto y sin cadenas, y
podía ir de un lado para otro. Por eso todos
me llamaban «El Niño», porque de aquella
cuerda de presos era con mucho el más joven. Apenas había cumplido por entonces los
catorce años, y los demás ya eran todos como
Antón, hombretones curtidos en muchas tra-
gedias de la vida.

Sor Adela, la reverenda madre superiora,
me ha mandado llamar para comunicarme la
triste noticia de su muerte, y me ha pedido
que sea yo el encargado de hablar del bueno
de Antón, para que podamos despedirle de
este mundo como dios manda.

(Mira la caja un momento, y luego camina des-
pacio hacia ella mientras habla.)

Antón, Antón Toledo, se llamaba, como creo que todos los que vivisteis con él un tiempo ya sabéis, y las reverendas madres del convento. Su sobrenombre marca su lugar de nacimiento al ser hijo de padres desconocidos, criado en una inclusa, así que le pusieron el sobrenombre de la ciudad en la que nació: Toledo, como a tantos otros. Él realmente no había nacido en Toledo sino en Talavera, Talavera de la Reina, pero para esta cuestión se pone el nombre de la ciudad, no de cada pueblo, así que Antón Toledo. Realmente nadie le llamaba así, ya que todos le conocían por «El loco». Algunos, con mala intención, le llamaban también «Tontoledo», por aquello del nombre, pero él no se enfadaba. Los amigos no, que yo nunca le llamé así; los amigos le llamábamos Quilla: «¡Quilla!», por ese pedazo nariz que tenía que llegaba antes que él a todos los sitios y parecía la quilla de un barco.

(Sonríe y marca con los dedos la exagerada nariz.)

Así que en cuanto veíamos aparecer la punta de su nariz: «¡Quilla!». Pero eso los amigos, que teníamos confianza. Los demás: «El loco», de siempre. Y los que le querían mal: «Tontoledo».

(Vuelve a mirar fijamente la caja. Y se toca un momento la cabeza, como buscando por dónde empezar.)

Como sabéis, el bueno de Antón dio su alma a Dios ayer, uno de noviembre del año del señor de 1626, reinando en las Españas su católica majestad Felipe IV. Se murió el día de todos los santos, porque él, lo que era en el fondo, era un santo, y que me perdonen las reverendas madres: «San Quilla», como sabréis todos los que le habéis tratado estos años. Por eso no se quejaba nunca por nada, ni se peleaba ni se metía con los demás, le hicieran lo que le hicieran. A mí siempre me sorprendía su forma de ser, que parecía que no tenía sangre en las venas. Cuando yo le preguntaba por qué no se quejaba como los demás, o insultaba a los otros y se metía con ellos cuando le hacían algo, me contestaba con una sonrisa.

(*Pone un gesto de no poder entender la conducta de Antón.*)

Un día en galeras en el que estábamos parados en medio del mar, con un frío terrible después de una tempestad, allí días y días, casi no había comida, y los capataces estaban rabiosos y lo pagaban con nosotros…, me contó una historia que no se me ha olvidado: una historia de setas. Me la contó porque vio que yo no paraba de quejarme y de amargar la vida a los demás, como hacían todos allí menos él.

(*Pone la voz de Antón en su recuerdo de entonces.*)

—¡Niño, no te quejes tanto por todo, que ya está bien de quejicas! —me dijo—. ¿Qué ganas quejándote, que te gusta tanto?

—¡Y tú qué ganas no quejándote y callándote por todo! —le contesté yo—. ¡Que parece que ni sientes ni padeces, que ya está bien todo lo que nos hacen, maldita sea!

(*Al público.*)

Como le contesté muy enfadado y medio llorando, él me contó la historia de las setas.

(*Habla con la amable voz de Antón de su recuerdo.*)

—¿Tú te has fijado, Niño, en las setas del campo, en que hay algunas venenosas y otras no?

—¡Sí! —le dije yo, muy amargado y medio a gritos—. ¡Y si te comes las venenosas te mueres!

—¿Sabes por qué algunas son venenosas? —me preguntó él tranquilo y muy amable, como si estuviera en otro sitio y no allí de galeote—. Las setas venenosas están siempre al lado de otras que no lo son, les da el mismo sol, el mismo agua y el mismo viento, y tienen la misma tierra, y unas son venenosas y otras no. ¿Sabes por qué algunas tienen veneno?

(*Al público.*)

Yo dije que no con la cabeza...

(Mueve la cabeza negativamente.)

Sin entender, para nada, a qué venía allí en ese momento una historia de setas. Él siguió a lo suyo.

(Sigue hablando como Antón.)

—Como no son rojas y altas como las amapolas, ni fuertes y grandes como el árbol, ni pueden volar como los pájaros, ni se mueven como los animales que las rodean, se quejan, se quejan sin parar, y regañan e insultan a todo lo que está cerca, que son las otras setas que están a su lado y no tienen culpa de nada. Y de quejarse y meterse con los demás se han ido envenenando por dentro. Y no consiguen nada a cambio, ni el color de las amapolas, ni poder volar a otro sitio diferente. Solo consiguen envenenarse.

(Al público.)

Después de quedarnos un momento en silencio volví a hablar, muy enfadado y a gritos, por qué yo entonces cuanta menos razón tenía más me enfadaba y gritaba.

(Grita con la voz de niño en galeras.)

—¡Pero las setas que no son venenosas el primero que llega las arranca y se las come!

(*Al público.*)

Y Quilla me contestó bajito y tranquilo, después de sonreír con cara de seta no venenosa.
—Prefiero que me coman a que me aplasten con el pie con asco o con miedo, como hacen con las venenosas. Al menos así sirvo para comida.

(*Vuelve al público, con los brazos abiertos.*)

«¡San Quilla!» Yo era un niño y no podía entenderle bien cuando me contaba estas historias, ni comprender por qué se callaba siempre cuando no estaba de acuerdo, sin ni siquiera protestar…, como hizo cuando nos separamos, y yo me porté tan mal con él… Pero no quiero adelantar acontecimientos. Debo contar esta historia paso a paso, para que se entienda.

(*Pasea alrededor de la caja, rodeándola, y ordena las cosas que quiere decir dentro de su mente.*)

Antón pasó a mejor vida en este hospicio de recogidos de las Hermanas de la Caridad, ayer. Y eso de pasar a mejor vida es fácil en su caso porque peor que la que ha llevado en este mundo no puede ser.

(*Se le quiebra la voz por la emoción, está a punto de llorar.*)

Ahora la cosa ya no tiene remedio…, pero, ¡qué injusta es la vida con algunos! ¡Por Dios!

(*Se acerca a la caja y la señala con la mano.*)

Antón fue mi compañero de viaje durante muchos años por los mares y tierras de las Españas.

(*Habla ahora directamente al muerto, emocionado.*)

Aunque para mí más que un compañero fuiste como un padre, que de ti lo aprendí todo desde que te conocí de niño en aquellas galeras en nuestro primer encuentro.

(*Se seca una lágrima y va hacia el público.*)

Perdonen si se me salta alguna lágrima, pero al sentir que está ahí metido ahora, tan quieto, tan callado…, él, que siempre estaba hablando…, animado y lleno de vida…, me entra una congoja que no puedo ni respirar.

(*Hace esfuerzos para respirar.*)

Y quiero quitarme esta pena sobre todo porque sé que no le gustaría nada verme lloriqueando aquí como un quejica…, que él era el hombre más alegre de la tierra y decía siempre que había que sacarle gusto a todo, pasara lo que pasara. Las veces que me diría:

(*Pone ahora la voz del muerto, imitándole.*)

—No se puede estar todo el día quejándose por todo, como haces tú, Niño, que eres un agonías y un llorón. ¡Y alegra esa cara, que la tienes tan mustia que parece que nunca le encuentras gusto a la vida!

(*Vuelve a su voz y figura, y habla al público.*)

Me gustaría ver cómo le encontraba él gusto a esto…, aunque era capaz, que siempre nos divertía a todos y nos hacía olvidar nuestras calamidades, o que, al menos, fueran más llevaderas, y eso que el hombre no tenía muchas razones para ser gracioso.

Hace un rato oí que una monja le decía a otra, mientras me comentaban su muerte por esas fiebres malas que tenía:

(*Pone ahora una voz femenina.*)

—Detrás de «El loco» se va a ir al hoyo medio hospicio estos días, de tristeza, ya lo verá, hermana.

(*Vuelve a su voz y a hablar al público.*)

Las fiebres las cogió en galeras, como tantos otros, y luego ya no le soltaron nunca del todo, hasta que terminaron llevándoselo.

Pero a lo que íbamos. La madre superiora me ha mandado que tengo que contar alguna cosa de Antón que me acuerde, del tiempo que pasamos juntos, para que puedan recordarle todos. Aventuras que tuvimos y cosas que nos pasaron, que hable de ellas. Así que aunque no tengo hoy el cuerpo ni la memoria muy puestos en su lugar, sí que puedo hablar de alguna de nuestras andanzas, que no pueden borrárseme de la cabeza ni aún tan triste como estoy hoy. Puede que cambie algo, o que me invente algún detalle, pero juro que lo hago con la mejor voluntad de que pasen un buen rato, como a él le hubiera gustado, y más hablando de su persona.

Él seguro que hubiera querido meter baza, y contar los recuerdos a su manera, porque siempre decía que yo no tenía mucha gracia para contar las cosas, que las contaba peor de lo que habían sido... Y, además, que yo hablaba como si tuviera patatas en la boca, y no se me entendía bien. Como él era actor y hablaba muy bien, le parecía que todos los demás hablábamos mal. Pero hoy no va a poder hablar el pobre.

(*Mira a la caja y habla al muerto.*)

Vas a tener que estarte callado, Antón, escuchándome. Ya, ya sé que no te gusta pero es que la cosa tiene mal arreglo..., vamos, que no tiene. Tú decías siempre que todo tiene remedio en la vida, pues ya ves: esto no.

II. Un galeote singular

Cambia la proyección del fondo. Vemos ahora el mar. Se oye de nuevo el ruido acompasado de los remos en la boga al entrar en el agua.

Tengo el sonido de esos remos entrando en el agua todavía metido en la cabeza… Todo el día, y a veces toda lo noche… «¡Zas…! ¡Zas…!».

(*Se sigue escuchando el golpeteo del agua por los remos, y él se toca la cabeza como si lo llevara dentro. Coge el sillón, lo acerca a primer plano, y habla al público.*)

Como les decía antes, conocí al bueno de Antón muchos años atrás remando en una galera de su majestad. Él era uno más de aquella legión de desdichados que teníamos que aceptar, por las buenas o por las malas, que habíamos venido a este mundo sólo a sufrir calamidades. Hasta aquí normal, si se puede llamar normal a que la mitad de los seres que pueblan la tierra tengan que ser desgraciados toda la vida porque así lo decide la otra mitad. Pero les estaba diciendo antes que lo que hacía a Antón completamente diferente a los demás remeros es que se pasaba el día entero haciéndonos reír. Sí, ya sé que parece imposible pero es verdad, remando entre latigazos en una galera de su majestad, muertos de hambre, cansancio, frío, que pasábamos un frío terrible allí metidos dentro del mar, hasta en verano... ¡Qué frío hacía...!, y un rosario de desdichas que no les puedo recordar sin ponerme a temblar de nuevo como entonces..., todos desesperados y hundidos... ¡Y él haciéndonos reír sin parar!

Al principio los alguaciles y capataces nos tomaron por locos a todos los remeros, pero muchas veces acabaron ellos también risa va, risa viene, participando del jolgorio, cosa que antes no se había visto nunca allí, seguramente. Mientras tanto la galera seguía deslizándose por el mar con eficacia y sin problemas, por lo que nos dejaron llevar el asunto aquel de la risa a nuestra manera.

Gracias a esas risas la mayoría de nosotros sobrevivimos a nuestra condena, cuando lo normal es que casi nadie lo haga, que morir entre los bancos, de pena y tristeza, era lo habitual. Ah, y del olor, que de eso no les he dicho nada. ¡Olía allí..., para morirse! Como los remeros estaban encadenados, y eran más de doscientos, hacían sus necesidades allí mismo, y únicamente se iban las inmundicias hacia la sentina cuando yo echaba algún cubo de agua del mar, que no siempre me dejaban andar subiendo y bajando la escalera. Y allí se quedaban, en la sentina, o sea, debajo de donde estábamos nosotros, y seguía oliendo igual o peor. Lo bueno que tenía es que los capataces muchas veces no podían más del hedor y se subían a cubierta, y allí nos quedábamos nosotros solos escuchando contar cosas a Quilla, que, por lo alegre que estaba siempre, parecía que no notaba ni el olor, ni los piojos y las chinches, ni las rozaduras de las cadenas, ni los latigazos, ni el hambre ni el frío... ¡Qué frío hacía, qué frío! ¡Y qué risa con Quilla!

Pasados los mil días de sentencia que nos habían caído tanto a Antón como a mí, pues teníamos los dos la misma pena, nos liberaron. Él estaba condenado por el delito denigrante de consentidor, y yo por el robo de una bolsa. Y al terminar nuestra pena de boga volvimos a los caminos, cada uno marcado para siempre con su culpa, eso sí. Yo ladrón de bolsas, a perseguir y golpear por cualquiera que quisiera hacerlo. Y él insultado y escupido por todos, ya que tenía grabado a fuego en un brazo la culpa que le llevó a galeras, la más vergonzosa y humillante que puede tener un cristiano en esta tierra, la de «consentidor». O sea, y hablando en plata, cornudo y cabrón.

De eso, de lo de ser «consentidor», es de lo que primero quería hablarles. Antón me contó varias veces, entre remo y remo, que le dieron la posibilidad de salvarse de tal pena si cumplía con su deber de buen cristiano y mataba a su mujer, a la que habían pillado *in fraganti* cabalgada por un guapo capitán real que pasó por el pueblo con sus tropas camino de Portugal.

«Tú verás lo que haces...», le dijo el cura del lugar, viejo conocido suyo de toda la vida con el que había ido muchas veces a por conejos al campo.

(*Imita la voz y los gestos de un viejo cura.*)

Tú verás lo que haces, Antón. La cosa no tiene solución, que lo han visto las vecinas y se lo han contado a todo el pueblo. O la degüellas como dios manda y restauras tu honor, o la Inquisición te manda a ti de chusma a galeras por «consentidor». Ya sabes que el honor es la cosa más importante para un cristiano, y sin él a morir.

(*Habla al público.*)

Imaginarse a Antón degollando a alguien, y menos a su mujer, a la que además adoraba antes y después de irse con el capitán aquel por unos maravedís, era completamente imposible, así que acabó en el banco treinta fondo a babor de la galera «Fortuna», al lado del casco.

Me habló muchas veces de eso, ya que no podía quitárselo de la cabeza, en galeras y después. Y de las palabras que le dijo el cura en aquel momento:

(*Pone voz y palabras del cura, según se lo contó Antón.*)

—Ya sabes lo que nos manda Dios, Antón. Honra lavada nunca es como honra inmaculada, pero al menos la sangre derramada venga el deshonor, repara la afrenta y sirve de penitencia.

(*Al público.*)

Antón decía que eso no lo podía mandar Dios, aunque lo dijera el cura, y que parecía más bien cosa del diablo. Que el honor era algo grande, sí, pero el amor era mucho más grande aún, sobre todo si iba acompañado de la cosa más grande de todas las de la tierra: la piedad. Y eso también lo manda Dios, así que el cura no tenía razón.

Yo era casi un niño entonces, pero me parecían muy bien sus palabras, sobre todo cuando preguntaba por qué el honor de los hombres lo han de pagar las mujeres. Y acabó en galeras.

«Que sin culpa, al más honrado
puede perderle el honor».

Decía él con versos de Lope de Vega, al que admiraba mucho ya que lo había representado como actor en los corrales.

(*Pone voz de Antón.*)

El honor sirve a los poderosos, y a nosotros nos manda a galeras. No te fíes nunca de los que defienden el honor, Niño.

(*Habla al público.*)

Eso no le hacía ser un hombre amargado sino todo lo contrario, aunque lo llevara ahí guardado para siempre, y lo sacara al final.

Pero les estaba hablando de lo de la risa…, de que desde el primer momento de meternos en los bancos de galeotes ya conocimos, con sorpresa, de su buen humor, cuando preguntó de pronto, con voz cantarina y alegre como si llegara de visita al barco y no penado:

(*Da unos pasos y pregunta, imitando con voz alta y agradable.*)

¿Me siento aquí, en la esquina? ¡Qué bien, por este agujerito veo el agua! ¡Con las ganas que tenía yo de conocer el mar! En Talavera solo tenemos un río, el Tajo, pero dónde vas a comparar, es cantidad de más grande el mar.

(*Habla al público.*)

Todos los demás condenados, que en ese momento sentíamos los ojos llenos de lágrimas y el estómago dolorido de desesperación, no creíamos a nuestros oídos, y menos cuando le oímos, según nos acoplábamos en aquel lugar de tortura donde pensábamos acabar nuestros días, que nos empezaba a contar el primer chascarrillo de los miles que soltaría después día tras día.

(*Vuelve a imitar la voz de Antón.*)

—Uno de Talavera, muy burro, me dijo que el mar era como un pilón, pero más grande y con sal. Y que si fuera vino no hacía falta morirse para ir al cielo, con meterse dentro bastaba.

(*Se sube* BENJAMÍN *al sillón y grita ahora con voz autoritaria, simulando tener un látigo en la mano.*)

—¡Tú, cornudo, calla y al remo, no te muela las costillas con el látigo!

(*Habla al público.*)

Le gritó, agresivo, uno de los capataces como bienvenida, para que todos supiéramos desde el primer momento la causa de su condena. Y él se atrevió a contestarle.

(*Baja del sillón y pone la voz amable y jocosa de Antón.*)

—Cornudo, sí señor, por la gracia de Dios, que no se mueve ni una hoja en un árbol si él no lo manda. Y si vuestra merced me muele las costillas seré cornudo y apaleado, también por la gracia del Señor y amén.

(*Se santigua, y habla al público.*)

El capataz tuvo la duda de si molerle ya a latigazos allí mismo, pero como esa mañana antes de subir al barco había estado holgando un buen rato con una hermosa muchacha, y se había tomado a continuación unas sopas de ajo riquísimas —como contó a risotadas nada más llegar a los demás capataces—, tenía muy bien acoplado el cuerpo y no le daban ganas de trajines de látigo, así que le rio la gracia y la cosa no pasó a peores.

Si queréis que os cuente otros sucesos de la vida en aquella nave, diferentes a los buenos ratos que pasábamos con Antón, la verdad es que hay poco que contar, que las penalidades son todas iguales, y es mejor olvidarlas lo antes posible, como decía él, mientras que las risas y los buenos ratos merecen ser recordados siempre. Y cuando alguno de los otros condenados le insultaba, para desahogarse de sus sufrimientos, echándole en cara su condición de consentidor y cornudo, él acusaba el golpe con una entereza y un sentido del humor que nos dejaba a todos helados. Y encima nos repetía, una y otra vez, que seguía queriendo a su mujer como siempre o más, y que aquello que pasó no podía cambiar lo que sentía por ella. Por eso le llamaban todos «El loco», porque a la bondad y a la generosidad en este mundo la llaman locura.

Así fueron pasando los mil días de condena: entre lágrimas y risas.

(Se separa del sillón en el primer plano, y va hacia la caja.)

Y llegó el día que habíamos soñado durante todo ese tiempo: el de la libertad. Como ya les he dicho juntos entramos en galeras, y juntos salimos.

Aún recuerdo sus palabras de despedida a los desgraciados que se quedaban allí penando, que si ocurrente fue su entrada más aún lo fue su salida, que tenía palabras para todo. Le dio un beso a su remo, mirándole cariñosamente, y le dijo:

(Hace como que tiene el remo en la mano y habla hacia él con voz de Antón.)

—¡Adiós, compañero de fatigas, guardián de mi sudor, de mi sangre y de mis lágrimas! ¡Cuánto te voy a echar de menos! Pórtate con el que ocupe mi lugar de penitencia tan bien como te has portado conmigo, que has sido para mí como una madre ya que no te has separado ni un momento de mi lado.

(Hace el gesto de besar sonoramente al remo. Y habla al público.)

Y luego, mirando a los desgraciados penados que se quedaban en su sitio con lágrimas en los ojos viéndonos partir, les dijo:

(Pone voz de Antón.)

—No sé si estoy más contento porque me voy que triste porque os dejo, amigos míos. Nos volveremos a ver algún día, y no en galeras sino en algún palacio, que la vida da muchas vueltas, y cuando salgáis nos vamos a pegar mejor vida que los cardenales de Roma.

(*Pone ahora la voz seca y dura de un capataz.*)

—¡Aligera, tú, cornudo, o te ato otra vez al banco! ¡Basta de cháchara!

(*Habla al público.*)

Le gritó el capataz, al verle atascado en la despedida. Puso punto en boca Antón, que también sabía callar por precaución cuando era necesario. Pero aún antes de subir la escalera tuvo una última ocurrencia, y al ver un trozo de remo viejo roto, debajo, en el suelo, agachándose a cogerlo, le dijo al capataz de la forma más amable posible:

(*Pone voz muy sumisa de Antón.*)

—¿Su señoría me haría el don de este trozo de remo roto? Es que les he cogido cariño después de tanto tiempo con ellos.

(*Habla al público.*)

El capataz, en parte por oírse llamar señoría, para acabar de una vez y porque, todo hay que decirlo, «El loco» le había caído bien en los días que le había tenido como remero, le hizo una señal con las manos de que se lo podía llevar si quería, mientras gruñía una blasfemia de despedida:

—¡Llévate el remo de mierda y si quieres te lo enculas Tontoledo, o te das con él en los cuernos, pero vete ya, cornudo!

No entendí bien entonces para qué cogía ese trozo de remo Antón, que desde ese momento llevó siempre consigo de un lado para otro como si fuera parte de su persona. Ahí en ese cesto han metido las monjas todas sus cosas…

(Va al fondo del escenario y mira dentro del cesto, saca el trozo de remo roto.)

¡Aquí está! Seguía teniéndolo después de tantos años… Con él subimos los escalones aquellos dejando el infierno a nuestros pies. Y con él en sus manos, y un hatillo cada uno con las pocas cosas que teníamos, salimos a la libertad y al cielo del sol.

(Avanza unos pasos, entra una luz amarilla fuerte y le ciega, como si fuera el sol de entonces al darle en los ojos. Se oye intensamente el canto de las gaviotas en el puerto.)

III. Libertad y hambre

Cambio de proyección. Vemos ahora, al fondo, un puerto de mar en el siglo XVII.

Poco después estábamos los dos tirados en un puerto del sur de España, libres pero mendigos, felices pero desdichados. Lo uno por haber salido vivos de galeras, y lo otro por pobres y marcados para siempre.

Allí estábamos, sin atrevernos ni a levantar los ojos del suelo, con harapos de menesterosos y tan demacrados que diéramos miedo al mismo miedo si se cruzara con nosotros.

(*Da unos pasos y se mueve como mareado.*)

Notamos que nos mareábamos un poco pisando tierra firme, ya que no se movía como el barco en el que habíamos estado metidos tanto tiempo. Y nos quedamos un rato sentados allí en el suelo, disfrutando de poder tocar con nuestras manos la tierra seca y de que el sol quemara nuestros ojos.

(*Toca el suelo recordando aquel momento, y mira a lo alto reviviendo los primeros rayos de sol que les dieron al bajar del barco.*)

Poco a poco fuimos saliendo del atontamiento, y descubrimos, por los ruidos que hacían nuestras tripas, que si habíamos conseguido lo más importante en la vida: la libertad, nos faltaba otra cosa, sin la cual ni esa ni ninguna otra tiene valor: ¡comida! Comida para nuestras tripas que estaban tocando a arrebato con desesperación. Como nos iban a liberar no necesitaban alimentarnos más y llevábamos días sin meter nada dentro. ¡Qué hambre! Así que dejamos el pasado atrás y salimos del puerto hacia el interior de sus calles, intentando encontrar algo que comer ¡Qué hambre siempre, qué hambre!

(*Hace como que busca a ambos lados, recordando la situación.*)

Vimos a los lados de las callejas por las que íbamos andando algunas tiendas con alimentos que nos estaban llamando a gritos, pero los dueños nos miraban con cara de pocos amigos por la pinta nada recomendable que teníamos, y hubiera sido imposible acercarnos a ninguno de esos tesoros que se ofrecían a nuestras bocas sin tener castigo. Levantamos la mano en esa actitud triste pero tan humana de pedir y nos acercamos a los vecinos que encontramos, y no recibimos más que indiferencia y menosprecio de la gente que nos rodeaba.

(Pone la mano recordando el gesto lastimero de pedir y luego la baja con gesto negativo.)

Antón me dijo, al ver cómo nos miraban todos, que lo primero que teníamos que hacer era adecentarnos un poco, porque dábamos miedo hasta a los perros, que, por cierto, alguno intentó mordernos en la primera calleja que cogimos.

(Se escuchan ladridos de perro que revive en su mente, y hace gestos con las manos como para apartarlos en el recuerdo.)

Para un pordiosero no hay nada peor que un perro, que sabe que estás buscando los despojos de la calle, como ellos.

Seguimos recorriendo calles y plazas hasta que descubrimos, al final de una cuesta, un pilón de agua con una fuente. Era un pilón de lavadero grande, y en una de sus esquinas había cuatro o cinco vecinas lavando ropa y cantando alegremente. Nosotros, para no asustarlas, nos fuimos al lado contrario, y empezamos a adecentarnos lo mejor que pudimos mientras nos llegaban sus voces con la canción del Trébole, tan popular en esos años. Era muy agradable escuchar voces de mujer después de estar tanto tiempo rodeados solo de hombres.

(Canturrea la canción que está en su recuerdo.)

«Trébole, ¡ay Jesús, cómo güele!
Trébole, ¡ay Jesús, qué olor!…».

Antón se acercó a una de las lavanderas y le pidió la merced de algo de jabón, y nos dieron una pequeña corteza, dura y seca como de piedra, y con ella nos lavamos.

Estábamos en esa tarea, intentando quitarnos de encima los malos recuerdos y la suciedad de mil días de galeras, cuando oímos risas entre las lavanderas, que miraban de reojo nuestra faena mientras seguían lavando y cantando:

(*Canturrea de nuevo la canción, que se junta con la que llega en su recuerdo cantada por ellas.*)

«Trébole de la casada,
que a su esposo quiere bien;
de la doncella también,
entre paredes guardada…».

A Antón se le ocurrió acercarse a ver si podía conseguir algo de comida de las buenas señoras, que no nos miraban con miedo ni recelo sino con curiosidad. Se acercó y cotilleó un poco con ellas, mientras yo me quitaba la rota y sucia camisola que llevaba, para lavarla. Antón volvió hasta mí y me dijo:

(*Pone voz de Antón hablándole en el recuerdo.*)

—Oye Niño, les he pedido unos maravedís para poder comer algo, y están dispuestas a darnos alguna moneda con una condición, así que no vas a tener más remedio que hacer lo que te diga.

(*Vuelve a su voz.*)

Le miré asustado, pensando qué habría pactado que iba a hacer yo, viendo su cara y los rodeos que daba. Y me dijo, riéndose al mismo tiempo de sus palabras:

(*Pone voz jocosa de Antón.*)

—Están encantadas con ese cuerpo tan galán y tan guapo que tienes, y dicen que estarían muy gustosas de ver la cresta del gallo. Vamos, que si tú les enseñas la cresta, ellas nos dan las monedas que les pedimos.

(*Vuelve a su voz.*)

Decírmelo él y reírse ellas fue todo uno, que parece que estaban adivinando nuestra conversación. Luego siguieron a vueltas con el Trébole, como disimulando:

(*Se oye la canción de las lavanderas.*)

«Trébole de la soltera,
que tantos amores muda;
y trébole de la viuda,
que otra vez casarse espera…».

Yo al principio no entendía ni de qué me estaba hablando Antón, hasta que con una mirada y con su mano me señaló la parte que ellas querían ver. Además de darme vergüenza, pensé: a ver si aparecen sus maridos o alguien del pueblo y me la gano yo, y me empluman por sacarla en mitad de la calle y delante de mujeres.

Quilla, al ver que dudaba, volvió a la carga:

(*Pone voz de Antón intentando convencerle.*)

—Venga, Niño, no le des más vueltas, sólo quieren echar un vistazo a tu cosa…, les hace gracia ver si es tan larga como tú…, nos dan unas monedas y podemos comer algo. ¡Comer! ¿A ti qué más te da sacarla o no? Si quisieran ver la mía ya se la habría enseñado. ¡Espera!, se me ocurre algo para divertirlas y que tú no sientas que faltas al decoro. Ponte ahí.

(*Vuelve a hablar al público.*)

Y dicho y hecho. Sin que yo pudiera ni repicar, me hizo abrir las piernas, y, sin que ellas lo vieran, ocultándonos un poco en el otro lado de la fuente, echó mano al hatillo, sacó su trozo de remo…

(*Con el trozo de remo, que aún tiene en sus manos, va haciendo lo que hizo Antón entonces.*)

Lo metió entre mis piernas, y gritó mientras me daba la vuelta hacia ellas:

(*Grita con voz de Antón hacia las imaginarias vecinas.*)

—¡Eh! ¡Buenas señoras! ¡El gallo ya les va a enseñar su cresta! ¡Ahí va!

(*Habla al público con su voz.*)

Y soltando con voz de gallo pinturero un «quiquiriquí», apareció en medio de mis piernas el trozo de remo, que él manejó desde atrás, subiéndolo y bajándolo, mientras seguía cacareando al ritmo de «quiquiriquí». Yo asistía, paralizado, al espectáculo, y ellas al ver la chanza la seguían echándonos agua del pilón con las manos, riéndose y alborozándose del rato que estaban pasando, tirándonos las monedas prometidas que Antón recogía encantado entre cacareos:
   —¡Quiquiriquí, quiquiriquí…!
Que se mezclaba con el Trébole de ellas, cantado ahora entre risas en medio del jolgorio.
«Trébole, ¡ay Jesús, cómo güele!
Trébole, ¡ay Jesús, qué olor!…».
   De pronto, en mitad de la fiesta, como yo me temía pasó lo peor que podía pasar: aparecieron por la boca de un callejón un grupo de vecinos entre los que había maridos y parientes de las lavanderas, y en un momento se armó la de Dios es Cristo –con perdón, hermanas–, y la escena cambió de comedia a tragedia.
   Las caras de los lugareños al ver semejante espectáculo ante sus mujeres anunciaban

lo peor. Yo estuve a punto de salir corriendo y volver a meterme otra vez en la galera de la que acababa de salir. Menos mal que el cielo iluminó de nuevo a Antón para salir de semejante situación. Sacó el trozo de remo de entre mis piernas, me cogió del cuello y con una voz de mucho enfado me gritó:

(*Pone voz de Antón enfurecido.*)

—¿Cómo te atreves, criado atontado, a lavarte delante de estas buenas vecinas? Ahora vas a ver los palos que te doy por haber cometido semejante ruindad. ¡Por no guardar el respeto que debes a las gentes del lugar: toma y toma!

(*Vuelve a su voz y al público.*)

Y dicho y hecho, empezó a llenarme el cuerpo de cardenales con el remo mientras yo me cubría lo mejor que podía con mis brazos y daba gritos de dolor que se oían al otro lado del pueblo. Los vecinos al ver semejante escena se agacharon y cogieron piedras y quisieron colaborar en la paliza que me estaba dando el que ellos creían mi amo. Y más aún cuando uno de ellos reparó en mi cabeza calva, ya que para lavarme me había quitado los harapos que a modo de gorro me la cubrían para no delatar nuestro origen de remeros de galeras, en que nos tienen calvos para poder cogernos si nos escapamos. Así que señalándome la cabeza gritó:

(*Pone voz de vecino enfurecido.*)

—¡Es galeote! ¡Galeote! ¡A por él!

(*Vuelve a su voz que ahora muestra angustiado.*)

Y en unos minutos empezaron a llover sobre mi cabeza calva todos los guijarros del lugar, lo que me hizo salir huyendo en estampida de allí, con Quilla detrás dándome con el trozo de remo.

(*Simula su voz de entonces en la huida, mientras se escucha el griterío y los ruidos de piedras y golpes que recuerda en su mente.*)

—¡Ay, ay, ay! ¡Que me van a matar…! ¡Basta por Dios! ¡Basta…!

(*Con su voz actual.*)

Varias leguas después nos paramos fatigados, al ver que ya no nos seguía nadie, y nos sentamos a descansar bajo las ramas de unos árboles. Antón se reía disfrutando de la aventura y el ingenio que había mostrado, y yo me quejaba aún de los golpes.

(*Protestando muy enfadado.*)

—¡La próxima vez que se te ocurra algo así, Quilla, te pones tú para recibir los palos y las piedras, y yo me río, como haces tú, que aquí han pagado justos por pecadores, como siempre! ¡Casi peor esto que galeras!

(*Pone voz de Antón.*)

—Bueno, no te amohínes muchacho, que la cosa no ha sido para tanto —me dijo él—. Por salir descalabrado y con cuatro cardenales no te va a pasar nada, que más cardenales tienen en Roma y tan ricamente. Tienes que acostumbrarte a lo malo, así lo bueno, cuando venga, lo disfrutarás más. Fíjate el trozo de remo este, antes en galeras, ahora aquí dando golpes, y no protesta.

    —¡Qué gracioso! —le dije yo.

    —Mira, Niño, hasta cinco maravedís he recogido. Podemos aliviar nuestras tripas y llenar la andorga que falta nos hace, en cuanto nos alejemos un poco de este lugar, que es peligroso.

    Así era Antón. Para él no había mal que por bien no viniera. Y los golpes no importaban, sobre todo si me los daban a mí.

(*Habla hacia la caja,*)

¿A que sí, Quilla?

(*Vuelve a hablar al público.*)

Nos alejamos de allí y buscamos donde nos dieran algo de comer por las monedas que ganamos con mi sangre, dispuestos a aliviar por fin nuestras pobres tripas.

(Habla a la caja.)

¡Qué hambre teníamos, verdad, Quilla! ¡Y qué malo es el hambre! ¡La de cosas que se habrán hecho en el mundo por su culpa!

(Vuelve a hablar al público.)

En dos credos despachamos lo que nos dieron por las monedas, y después de comer la vida nos pareció más llevadera, hasta me dolían menos las heridas. Descansamos un rato para que encontrara acomodo dentro lo que habíamos metido, y nos dispusimos a dejar atrás el pasado y a emprender la nueva y dura aventura que nos señalaba el destino: nuestra vuelta a casa.

(Va hasta el cestón y deja caer dentro el trozo de remo.)

IV. El oficio de comediante

Cambia la proyección. Vemos ahora cubriendo el fondo un mapa de España de la época. Ben-jamín *va hacia el público.*

Como los dos vivíamos en tierras de Toledo teníamos que atravesar media España desde el sur, sin dineros, sin fuerzas y casi sin esperanzas.

Arrastramos nuestros pasos fuera del ajetreo de aquel puerto marítimo, lugar que no nos daba buena espina, no fuera que nos cogieran otra vez, ahora por vagabundos y por dar escándalo, y nos metieran de remeros en otro barco. Así que decidimos sacar fuerzas de flaqueza y emprender el camino.

Después de tres años casi sin movernos en los bajos de la galera, las piernas no nos respondían bien, y nos tocaba ahora andar sin parar por montes y llanuras, en medio del frío y las calamidades, intentando llegar vivos a nuestro destino, lo que no era tarea nada fácil. Y menos para Antón, que tenía el pie izquierdo como metido para dentro de una rotura mal curada, y cojeaba un poco al andar.

(Pone las diferentes voces de uno y de otro mientras cuenta el recuerdo.)

—¿Y de qué vamos a vivir, Quilla? ¿Vamos a comer sólo la sopa boba de los conventos y lo que nos den por los caminos?

(Al público.)

Yo le pregunté mientras dábamos fin a unas escudillas de sopa que nos habían dado en un convento unos frailes. Y me contestó, muy decidido:
       —Es la última vez que comemos la sopa de los mendigos, que hunde a los hombres.

(Al público.)

Y a continuación me dijo algo que me dejó completamente sorprendido, pero así era mi compañero de fatigas, Antón «El loco»:
       —Haremos teatro por los lugares por los que vayamos, y pasaremos el plato.
       —¿Teatro? Pero yo no soy de la farándula…, ni sé actuar.
       —No te preocupes que yo te enseño.

(Al público.)

Y siguió hablando mientras rebañaba la escudilla con los dedos y se los chupaba.
—He visto a muchos pasar por cómicos sin serlo, y vivir de sus gracias sin tenerlas. Viviremos

nosotros también de las nuestras. Lo primero que tenemos que hacer es comprarnos una flauta.

—¿Una flauta?

—Claro. A la gente le gusta mucho la música.

—¿Y quién la va a tocar?

—Yo, que sé. Tocaremos la flauta y haremos teatro.

—Pero no sabemos comedias… ¿Qué vamos a contar en las plazas donde actuemos?

—¿Te parece poca comedia nuestra vida? Nos reiremos de nuestras desgracias y ellos se reirán de nosotros y aflojarán la bolsa. La historia de un niño ladrón condenado a galeras les encantará. Y mucho más aún la de un cornudo, como yo, esas son las que más les divierten. Es condición humana disfrutar con las penalidades ajenas. Lo único es que te tocará a veces vestir de mujer y ser ligera de cascos, y danzar como las moras, ya que somos pocos de compañía y yo tengo que tocar la flauta, hacer el actor cómico, el barbas y todo lo demás.

—A ver si me van a llevar otra vez a galeras, ésta por bujarrón. Además, no sé bailar ni cantar.

—Pues aprendes, que el hambre ha hecho muchos artistas en la vida.

—En vez de morirnos de hambre nos vamos a morir de algo peor. Me veo en la rueda o en el potro.

—Qué agonías eres, Niño. Lo mismo me decías en galeras y ya ves, aquí estamos. Y si nos morimos no es tampoco para tanto, que todo el mundo se muere, y cuando estuve sin vida, antes de nacer, que yo me acuerde tampoco estaba tan mal. En todos los años que pasé allí no tengo malos recuerdos de haber sufrido penalidades.

(*Al público.*)

Antón siempre te respondía cosas así cuando los que le rodeábamos lo veíamos todo fatal. Así que dicho y hecho: representantes. Lo que menos podía imaginar yo entonces era que esa decisión de Antón, además de darnos de comer mientras llegábamos a casa, iba a cambiar mi vida.

Él ya había sido representante antes de ir a galeras, entre los muchos oficios que tuvo: calderero, campanero, cordelero, carretero, barbero, pregonero… y varios más terminados en «ero», como el último en galeras: remero. Además había sido actor, actor cómico, como él decía, que para trágico no servía, ya que salía al escenario y siempre hacía reír al público, quisiera o no.

De esa época suya de actor me contó que algunas cosas le habían gustado y otras no. Le gustaba lo bien que lo pasaba haciendo reír al público, y le gustaba menos lo poco que se ganaba, y había que estar siempre haciendo otros trabajos para poder vivir. Lo mejor que le había pasado de actor, decía, fue conocer a Lope de Vega, eso lo repetía siempre. Y, lo peor, el episodio del diablo, que no le gustaba ni contarlo, porque decía que «daba mala suerte».

(*Habla bajito, con la voz de Antón.*)

—Da mala suerte, Niño, hablar del diablo. Mejor no. Mira lo que me pasó a mí.

(*Al público.*)

Cuando hablaba del diablo bajaba la voz para que no le oyera, como si el diablo fuera algo sordo o estuviera lejos.

(*Habla hacia la caja muy afectivamente.*)

No te importa que lo cuente, ¿verdad Quilla? Al fin y al cabo tú no tuviste la culpa de nada.

(*Vuelve a hablar al público.*)

Me contó que el cura de Talavera de la Reina, que, no sé si les he dicho, era el pueblo de Antón, le llamó un día y le dijo:

(*Pone voz de cura antiguo echando un sermón.*)

—Antón, vamos a preparar la obra de Corpus que, como sabes, es siempre un Auto del Señor. Este año hemos cogido una en la que sale el diablo al final, y el Señor le manda al infierno. Tenemos curas y hermanos cofrades para todos los papeles pero nadie quiere hacer de

Satanás por miedo al castigo o al qué dirán, así que hemos decidido hacer como en otras parroquias: contratar y pagar a un actor de oficio para ese papel, que lo haga como trabajo y sin placer, y hemos pensado en ti, que eres de aquí, además.

(*Vuelve al público con su voz.*)

Antón aceptó, sobre todo por el dinero —me dijo él—, y cuando vio el traje que tenía que ponerse: horrible, rojo, con una careta con cuernos y un enorme rabo, la cosa ya no tenía remedio. Llegó la noche de la obra, y empezó la representación delante de la colegiata. Todo fue bien hasta que apareció Quilla vestido con su traje de diablo rojo, soltando carcajadas, que le habían dicho era su papel, al lado de una gárgola en lo alto de la fachada.

(*Imita muy exageradamente las risas del diablo-Antón.*)

—«¡Ja, ja, ja jaaaa….! ¡Ja, ja, ja jaaaa….!».

(*Al público.*)

Y en un momento se desató contra él la ira del cielo, primero en forma de berzas y hortalizas de todo tipo que le tiró el respetable, con alguna piedra de acompañamiento, en medio de un gran griterío. Y después con una tormenta enorme que se arrancó de pronto, como si el cielo estuviera también enfadadísimo por su atrevimiento. Y él allí subido encima de la gárgola, soltando risotadas de diablo:

—«¡Ja, ja, jaaaa! ¡Ja, ja jaaaa!».

Y pidiendo socorro a gritos, a la vez.

(*Se sube encima del sillón y grita como muy asustado.*)

—«¡Socorro! ¡Bajadme de aquí!».

(*Vuelve la cabeza a un lado y habla a la caja.*)

¿Verdad, Quilla? ¿A que pedías socorro y nada?

(*Al público, bajándose del sillón.*)

Le habían subido allí, por lo visto, con una escalera, y en cuanto empezó la tormenta se fueron todos corriendo con la escalera, y allí le dejaron subido a él, empapado y rayo va, rayo viene, hasta la mañana del día siguiente, que le bajaron y casi ni lo cuenta, porque le soltaron a mitad de la escalera, se cayó y se partió un pie, que luego aunque se le emplastó lo mejor que pudo y se puso ungüentos no le quedó bien, y acabó cojeando, el hombre, toda su vida.

(*Pone voz de Antón dolorido y cojeando.*)

—¡Me está bien empleado, por hacer de diablo! —decía siempre que lo contaba.

(Habla a la caja.)

¿A que te dejaron allí subido toda la noche, y luego te soltaron al bajar y se te partió el pie?

(Al público.)

Y encima le quedó mala fama en el pueblo para siempre, y eso también tuvo la culpa de que le condenaran después a galeras, cuando pasó lo de su mujer con el capitán. Decían todos que se lo tenía bien merecido, por diablo. Y se santiguaban muchas veces seguidas cuando pasaban a su lado.

(Se santigua como cuenta hacían los vecinos.)

Por eso él me decía:

(Pone ahora la voz de Antón.)

—El teatro está bien para poder comer algo de vez en cuando, pero es peligroso, no se te olvide nunca, Niño. El público lo mismo te aplaude y te regala, que te deja colgado una noche en lo alto de una catedral, y te tira de la escalera o te manda a galeras porque no le gusta tu papel.

(Vuelve a su voz.)

El caso es que se empeñó y me metió en lo del teatro a mí también, que a la fuerza ahorcan.

Y así, haciendo comedias de desgracias propias que daban risa ajena empezamos a atravesar las Españas, y yo empecé mi camino de poeta en el teatro, que ahora tengo.

En cuanto actuamos unas cuantas veces, descubrí en seguida algo que luego me sirvió siempre, y es que entretener a los demás, aparte de darnos de comer, era también entretenido para uno mismo. Y la vida se volvió mucho más agradable para mí que antes de galeras, en mis tiempos de campesino o de ladrón de bolsas. Y mucho mejor aún cuando nos creció el pelo y pudimos conseguir unas ropas más cristianas, y ya no nos mordían los perros por los caminos, ni nos tiraban piedras los tontos del lugar.

Como había adivinado Antón, lo que más le divertía a las gentes era lo de cornudo de él. Sólo decir la palabra y ya se tiraban por el suelo de risa. ¿Por qué le hará tanta gracia a la gente los cornudos, me digo yo? Es decir la palabra y siempre hay alguien que se ríe: «¡Cornudo!». ¿Lo ven? Ya se ha reído alguno. Antón, además, consiguió comprar en una finca de reses unos cuernos de toro, y se hizo con ellos un gorro estrafalario, que cuando se lo encasquetaba en su frente, aceptando su condición y cabeceando como un morlaco, aquello era ya el acabose. A ver si está entre sus cosas… lo llevaba con él…

(*Va al cesto, saca el gorro con los cuernos y se lo pone sobre la cabeza.*)

«¡Muuuuu! ¡Muuuuu!».

(*Copia los cabeceos y mugidos que hacía Antón.*)

Tremendo era cuando lo hacía. y la gente se reía. Y si lloraba mientras hacía de toro, se reían más. La vida.

(*Vuelve a dejar el sombrero con cuernos en el cesto.*)

Yo hacía en el entremés aquél de mujer putilla y casquivana, lo que, además de darme vergüenza me creaba muchos problemas, porque cuando acabábamos la función tenía siempre a varios gañanes del pueblo merodeando por allí para hacerme proposiciones y meterme mano. Y eso que hacía el papel hasta con barba, pero es que hay gustos para todo y mucha necesidad.

Tuvimos problemas con la iglesia, claro, pero con dineros nada hay que falle, y dándole al cura del lugar una parte de lo recaudado todo se arreglaba. Menos una vez que la cosa se complicó y estuvimos a punto de acabar en la justicia.

(*Va hacia la caja.*)

¿Te acuerdas, Quilla, el lío que tuvimos con el cura aquel de Tomelloso? Luego te quedaste tú con el misal que se dejó, al salir corriendo, tirado en el pajar.

(*Va al cestón y saca un viejo misal antiguo. Habla hacia el cadáver.*)

Lo has guardado todo bien estos años...¿eh?

(*Vuelve hacia el público, tiene en la cara el recuerdo jocoso de la aventura con el cura, y en la mano el misal.*)

Uno de los curas del lugar intentó devolvernos o, mejor dicho, devolverme, los dineros que le dimos, a cambio de mis favores. Le dije que yo era un hombre, no una mujer, y él me contestó que mejor. Y como Antón se había ido al mesón y me había dejado solo con el cura en una cuadra al lado de donde habíamos actuado, el prelado aquél, ni corto ni perezoso se me echó encima y empezó a besuquearme las barbas entre latines que murmuraba que yo no entendía ni palabra:

(*Revive el recuerdo con la voz quebrada de deseo y aires de responso del cura.*)

—«Et nómine pater, et filii et espíritus santus...».

(*Vuelve a hablar al público.*)

Y, lleno de olores a cebolla y sacristía que me ponían mal cuerpo, me tocaba por todos lados como si yo fuera una campana. Sin soltar el misal, eso sí, que me restregaba por el cuerpo como otra mano.

(*Revive aquellos momentos intentando quitarse al cura de encima, mientras éste sigue con sus latines.*)

—¡*Dominus vobiscum*... ven aquí *sursum corda*... quieto no te resistas *escuam spiritu* y cuerpo *tuo*...!

(*Al público.*)

Yo no sabía cómo salir del apuro, que despreciar a la iglesia puede costar caro, cuando una caballería que andaba por allí debió darse cuenta de mi situación y le dio lástima, o porque le cayeran mal los curas, o por el olor, el caso es que le arreó de pronto una coz que le medio partió una pierna. Y el cura, que un minuto antes se prometía placeres y aleluyas, salió de allí cojeando entre aullidos, pensando que Dios le había castigado por sus malos deseos.

—«¡Auuuuuuu! ¡Auuuuuuu! ¡*Dies irae, dies irae*...!».

(*Simula la cojera y los aullidos del cura.*)

«¡Dies irae!», decía el tío cogiéndose la pierna.

Cuando se lo conté a Antón se rió a carcajadas como sólo se ríen los de Talavera de la Reina, que paran entre cada ja y ja..., para coger aire.

(*Le imita con una risa muy exagerada.*)

Acostumbrados desde pequeños a oír cómo se ríen todos los de fuera al ver lo feas que son las murallas de Talavera, han cogido práctica. Bueno, no solo las murallas, Talavera entera, porque Talavera es un rato fea, y que me perdonen los de allí. Si la comparamos con Toledo, de donde soy yo… ¡Puff!, donde va a parar. Pues no tuvimos jaleos Quilla y yo con esto allí en galeras. De siempre los de Toledo y los de Talavera no nos hemos llevado bien, por envidia que nos tienen. Pero bueno, a lo nuestro, que les estaba contando yo ahora nuestro viaje de vuelta a casa comiendo del teatro.

(*Va hasta el cesto y deja caer dentro el viejo misal.*)

V. La otra cara de la vida

Aunque al principio lo hacíamos bastante mal, entre obra y obra que poníamos en las plazas, y plato y plato que pasábamos después, comíamos, que era de lo que se trataba. ¡Qué hambre se pasa siempre en España! ¡Qué hambre!

Pero a Antón no le gustaría que les contara solo las penas y calamidades que sufrimos en nuestro viaje a casa, así que tendré que hablarles también de los buenos momentos, que alguno hubo, aunque pocos. Como aquella vez que paramos en una granja con una madre y una hija.

(Cambia la proyección. Vemos ahora unos grandes montones de heno en una granja.)

Además de monasterios y atrios donde sobrevivíamos de la caridad de la santa madre iglesia, de vez en cuando pasábamos por alguna granja del camino donde, por algo de trabajo que hacíamos llenábamos nuestras tripas y nos dejaban dormir a cubierto en el pajar. Eran mucho más agradables los pajares que los atrios, donde va a parar. No olía a cera, y veíamos el sol al despertar por las grietas de las maderas del techo. En vez de campanas oíamos vacas, y así no formábamos parte de esa cuerda de vagabundos y menesterosos que iban de iglesia en iglesia mendigando asilo. Así que cuando encontrábamos una granja, y nos dejaban, allí nos quedábamos hasta que nos echaban, porque no se fiaban mucho tiempo de nosotros. Pensaban que les íbamos a robar una vaca o a comernos una gallina, y todos los huevos que faltaban decían siempre que habíamos sido nosotros.

El caso es que un buen día llegamos a una granja por las afueras de Mérida, pedimos trabajo por comida y nos lo dieron. Las dueñas eran una hermosa joven, más o menos de mi edad, que yo ya tenía por entonces unos dieciocho o diecinueve inviernos, y su santa madre, que era todo lo contrario que ella. Parece mentira que la naturaleza sea tan extrema en todo, solo había que mirar a la chica y luego a aquella buena señora, más fea que un pecado. Si una parecía un ángel, la otra una bruja. Si una era la alegría, la otra un susto. La hija, además, con una voz del cielo, y la otra del infierno: aguardientosa y quebrada que le salía de una lengua medio negra y unos pocos dientes quebrados y penitentes. Y, por si fuera poco, con más pelos en la cara la dichosa madre que yo en mi barba.

A Quilla le dieron para la faena un sombrero roto de paja que le tapaba la media calva que le había quedado de los sudores de galeras, y le encantaba. No se lo quitaba nunca. Hasta dormía con él.

(*Va al cesto y saca un sombrero de paja viejo y roto.*)

Aquí está aún entre sus cosas, más viejo si cabe.

(*Se pone el sombrero y saca después de la cesta una flauta.*)

Y la flauta de Quilla. Ya les he dicho que tocaba la flauta. Era una de las cosas que más le gustaba.

(*Toca unas notas sueltas en la flauta.*)

A mí me enseñó algo, pero nunca se me dio bien como a él. Fue una de las primeras cosas que compró cuando ganamos algo de dinero, la flauta. Tocaba en el paso que interpretábamos una jotilla, y a veces una chacona, y yo tenía que bailarlas lo mejor que podía.

Bueno…, que me pierdo de lo que les estaba contando de la granja. Allí estábamos Quilla y yo, con la guapa y la fea. Y les digo esto de guapa y fea porque viene a cuento.

Yo decidí mirar todo el tiempo solo a la hija y nada a la madre, para no tener pesadillas por la noche, pero al ver que Quilla hacía lo mismo, le dije:

(*Pone la voz de joven de entonces.*)

—¡Quilla, tú a la madre! Éntrale a la madre,
que es de tu edad. Y no le des tanto palique a
la hija, que no me dejas a mí meter baza.

(*Habla al público, como sorprendido.*)

Pero nada, en cuanto podía ahí estaba, hacién-
dola reír o diciéndole versos de Lope de Vega,
que se sabía un montón y que estaba con ellos
a todas horas. Se quitaba el sombrero de paja
y, usándolo como si fuera de caballero, dobla-
ba una pierna así, a lo actor, y le recitaba:

(*Se quita el sombrero de paja, que aún tiene puesto, pone voz de Antón, y recita sombrero en mano
a lo caballero y una pierna un poco doblada.*)

«Amor, no te llame amor
el que no te corresponde,
pues que no hay materia adonde
no imprima forma el favor.
Naturaleza, en rigor,
conservó tantas edades
correspondiendo amistades,
que no hay animal perfeto
si no asiste a su conceto
la unión de dos voluntades.».
    Ella no entendía ni palabra pero se que-
daba con cara de tonta escuchando entre los
mugidos de las vacas del fondo. Me di cuenta entonces que para enamorar lo mejor es sa-
berse versos. Y cuando terminaba los versos
el tío le tocaba la flauta, y ella levantaba los

brazos y daba vueltas encantada, como si estuviera en una romería.

Allí pasamos unos cuantos días, y al principio todo fue bien. Recogíamos heno, limpiábamos caballerías, sacábamos patatas, y hacíamos las tareas que nos encomendaban. Y en los ratos libres ensayábamos en el pajar el paso que íbamos a hacer en el pueblo siguiente. Y comíamos, que era lo más importante. Pero no dura mucho el pan en la casa del pobre.

El problema vino una noche en que como era la fiesta del lugar, no sé qué celebraban, a san Mateo o san Agapito, o san no se qué…, que hay un montón de santos en todos lados y me confundo en el recuerdo, pues dijeron ellas que era día de fiesta y de tomar un traguito. Sacaron un pellejo de vino y nos fuimos debajo de una parra que había al lado de su casa, con uvas colgando, y me comí algunas, me acuerdo muy bien.

(Hace gestos recordando como cogía y comía uvas de la parra.)

Yo vi que había miradas de complicidad sospechosas entre hija y madre. Algo se estaba cociendo a mis espaldas, pero la luna estaba brillante, la parra era bonita, las uvas sabían dulces, y estábamos allí los cuatro tomando del pellejo divinamente como si nos conociéramos de toda la vida, que el vino hace amistades. La chica se había soltado su largo pelo color trigo, y a la luz de la luna estaba más guapa que nunca. Para comérsela, como las uvas.

A mí me pareció que aquello podía acabar como suelen acabar esas cosas de noche entre los hombres y las mujeres, o las caballerías, o entre los pollos y las gallinas, que para el caso es lo mismo. Y como yo era joven pero no tonto, me dije: ¡Abre el ojo, Benjamín, que a lo mejor no se te presenta otra como esta en toda tu vida!

Ustedes disculpen hermanas, pero ya saben lo que dicen los evangelios de que la carne es débil, y más en verano y con algo de vino encima.

Como el jolgorio iba creciendo, y seguíamos dándole besos al pellejo entre chanzas, risas y bailes, yo me las estaba prometiendo cada vez más felices, y mi cuerpo empezaba a prepararse ya para el banquete. Llegó el momento de emparejarse, y entonces vi, sorprendido, que Quilla se iba directamente a por la joven, la cogía deL brazo y, como si la cosa no tuviera importancia... ¡Se la llevaba para el pajar, repitiéndole al oído otra vez lo de «Amor no te llame amor...», de Lope!

(*Habla como muy sorprendido.*)

Yo me quedé de piedra al verlo. Y lo peor estaba por llegar ya que noté, de pronto, como la vieja se estaba agarrando en ese momento como una garrapata hambrienta a mi brazo. Y antes de que pudiera decir yo esta boca es

mía, la bruja,.. ¡Me estaba llevando casi a ras-
tras hacia dentro de la casa con fines eviden-
temente pecaminosos!, a pesar de mis protestas, que yo protestaba todo lo que podía, pero
daba igual, porque tenía más fuerza que yo de
grandona que era.

(*Revive los tirones de la vieja y sus protestas.*)

—¡Qué no…! ¡Qué no quiero…! ¡Suélteme,
qué no voy…! ¡Prefiero volver a galeras!

(*Va hacia la caja y habla al muerto como si aún
estuviera allí con él.*)

Y tú mientras con la chica en el pajar, ¿verdad, Quilla? Que yo oía la flauta que le tocabas, desde fuera… Yo luchando con la vieja y
tú dale que te dale a la flautita.

(*Toca unas notas en la flauta, con una sola mano.*)

Con una mano tocabas solo, que sonaba fatal… ¡Sabe Dios dónde tendrías la otra! ¡Es
para matarte! Bueno, perdona, para tanto no,
pero vamos, lo que me hiciste no se le hace a
un amigo. Ya, ya sé que yo te lo pensaba hacer a ti, pero no se le hace a un amigo.

(*Habla al público, señalando la caja.*)

Parecía tonto, pero a base de chistes y versos de
Lope, y la flautita, se la había ido trabajando. Y

¡Hala!, ella con él encantada al pajar, como si fueran de merienda, aunque el sitio estaba lleno de mierda de vaca.

—«¡Muuuuu! ¡Muuuuu!».

(*Se oyen , en un eco, mugidos de vacas.*)

Hacían coro las vacas con la flauta... Flauta, vacas. Vacas, flauta.

Yo, mientras, seguía peleando con la bruja aquella para que no me echara en su caldero y me comiera. Entonces se me ocurrió un plan, de pronto, por la desesperación o lo que fuera. Le dije que parara un momento..., ¡ya me estaba quitando la ropa, la tía!..., que tenía que ir a hacer mis necesarias, que me había dado un apretón y no podía esperar. Y me fui por detrás a la cocina, cogí un tizón de los que salían del fuego y me hice varias quemaduras en la cara, y me llené la piel de tizne. Mejor quemado que comido, me dije yo.

Cuando volví a donde estaba la bruja, asustada al verme gritó:

(*Pone la voz de la vieja, y mientras se santigua mil veces grita.*)

—¡Ahhh...! ¡El maligno....! ¡Ave María Santísima, Santa Águeda y Santa Juana Bendita, Santa Catalina de Siena, San Cosme y San Damián...!

Y se metió en el pajar dando gritos con toda la letanía de santos en su boca, en busca de su hija. Al poco salían las dos y detrás Quilla, el pobre, sin enterarse de nada, a media faena, subiéndose los pantalones y cayéndole la paja por la cabeza, que venía empajado. Y la vieja seguía venga gritar.

(*Vuelve a gritar con la voz de la vieja.*)

—¡Fuera de aquí, hijos de Satanás, sinvergüenzas, canallas! ¿A qué habéis venido, a llevarnos al infierno o a pegarnos la peste? ¡No quiero veros más en la vida! ¡Fuera de mi casa, rufianes!

Como vimos que la vieja enloquecida nos tiraba patatas, piedras, pollos, y todo lo que pillaba a su paso, y la hija ya no parecía tan angelical porque venía corriendo hacia nosotros en auxilio de su madre con una horca de recoger paja en las manos, tanto a Quilla como a mí nos pareció el momento de salir por piernas de allí, así que cogimos como pudimos nuestros hatillos y volamos como alma que lleva el diablo fuera de la granja, perseguidos por los gritos y las piedras de las dos furias.

Y nos vimos de nuevo los dos por los caminos, Quilla acabándose de recomponer la ropa, sorprendido aún de lo que había pasado, y más al verme los tiznones y heridas de la cara. Yo le expliqué cómo había salido de mis apuros con aquella bruja malvada, y él, como era un santo, en vez de enfadarse conmigo por haberle hecho perder la ocasión y dejarle con la miel en la boca, se echó a reír al oír cómo me salvé de la vieja. Me echó el brazo al hombro y seguimos caminando, riéndonos de la aventura que habíamos tenido en la granja amorosa.

(*Deja el sombrero de paja y la flauta en el cesto.*)

VI. Los caminos de las Españas

Cambio de proyección. Vemos ahora un camino en un campo. Benjamín *va hacia el público.*

Seguimos adelante hacia nuestro destino, parando en algunos lugares para hacer nuestra comedia y poder comer algo, camino de la tierra de Antón y mía. Hasta llegar al pueblo siguiente en nuestra ruta hacia el norte, tuvimos una buena y una mala fortuna. La buena que encontramos un carro de heno en qué montarnos. La mala, que el carretero nos contó que la cosecha se había malogrado ese año por una sequía y habían pasado muchas calamidades, por lo que en el pueblo no paraban cómicos al no dejar la autoridad representar comedias. Así que nada más llegar tratamos de encontrar donde comer y dormir, ya que estaba oscureciendo, para poder seguir nuestro camino al día siguiente. Yo no dejaba de recordar en el viaje el refrán que dice: «cuando se sale de malas se va a dar siempre a peores», por lo que andaba inquieto.

Como no había monasterio ni iglesia cerca, nos encaminamos a la primera casa de calidad que encontramos a pedir amparo, por aquello de más da el duro que el desnudo. Abrió la puerta una mujer mal encarada y de genio, que al escuchar nuestra petición nos abrió la puerta de par en par, haciéndonos, de golpe, una de las peticiones más extrañas que he oído en la vida, y que tantos quebraderos de cabeza nos dio después: cuidar de un muerto.

Nos contó que apenas unas horas antes había fallecido su marido, pero que no tuviéramos pena por ello ni le diéramos pésame ya que había sido un mal marido y a ella no le daba ninguna pena su falta, sino todo lo contrario. El problema era que alguien tenía que quedarse a velar el cadáver esa noche y ningún vecino quería hacerlo, dado el mal carácter del finado, y ella menos. Y que se iba a dormir a casa de una vecina, que ella con ese no se quedaba toda la noche, ni muerto. Que teníamos cena de sobra en la cocina, y un lugar para pasar la noche, lo que le habíamos pedido. Y cogió la puerta y allí nos dejó, confusos por lo del muerto pero oliendo a comida, que era de lo que se trataba, como siempre. ¡Qué hambre! Y como para el hambre no hay pan duro, ni muerto que estorbe, allí nos quedamos. Además, Quilla había estado tosiendo todo el viaje y ahora volvía a toser, y la noche se prometía fresca. Era mejor un muerto que el relente de la calle.

(*Se escucha la tos de Antón en el recuerdo de* BENJAMÍN.)

Buscamos la cocina donde comimos, y bien, de restos que allí había, que era casa con posibles. Y después fuimos al dormitorio a ver al finado.

Allí estaba, tieso y estirado como un bacalao encima de la cama. Nada más entrar en la habitación nos quedamos los dos impresionados, no por el muerto, que a pesar de lo que nos había dicho su viuda tenía cara de estar en la gloria, sino al ver aquella cama grande, alta y señorial ¡Qué cama!

(*Cambia la proyección. Vemos ahora una inmensa y señorial cama de época.*)

Con lo cansados que estábamos, y después de años de no pillar una cama como dios manda, aquello nos pareció el paraíso con sábanas de Holanda. Por eso tenía esa cara de placer el muerto, pensamos, por estar allí tumbado.

Por más que buscamos no encontramos ninguna otra cama que la del muerto en toda la casa, y como no era ocasión de tumbarnos en el suelo, que hacía mucho frío, y pasar la noche en una silla estando allí aquella cama no era ningún plato de gusto, decidimos hacer compañía al difunto tan ricamente, y nos metimos uno a cada lado del cadáver, con respeto, eso sí. Nos quedamos allí muy quietos, estirados como el muerto y casi sin respirar para que no se molestara. Pero no conseguíamos dormir por más que lo intentamos. Que te roce con el codo un difunto no sé por qué pero te desvela. En galeras cuando se moría algún galeote si era de

noche no nos dejaban sacarlo del banco y ti-
rarlo al mar hasta el día siguiente, así que dor-
míamos a su lado hasta el amanecer, pero eran
conocidos nuestros. Un muerto desconocido,
y en su cama, impone más, es otra cosa.

Un rato después decidimos bajar el muerto
al suelo, que a él le iba a dar igual, para poder
nosotros dormir en la cama tranquilamente,
como dios manda. Cuando has estado mil días
en galeras no le tienes mucho respeto ya ni a
los vivos ni a los muertos, así que dicho y hecho: al suelo.

Fue una noche de colchón, y dormimos
como los ángeles. Pero el despertar fue una
pesadilla. Abrimos los ojos al oír unos gritos
de aquí te espero.

(*Da los gritos tal como los guarda en su memoria.*)

—«¡Ahhhhhhhh…!». «¡No está, no está…!».

(*Hace los movimientos de levantarse de una
cama, y habla como medio dormido.*)

—¿Quién no está?

(*Hace la voz gritona de las viejas.*)

—«¡El difunto no está! ¡Ahhh…! ¡Que no
está!».

(*Vuelve a hablar al público.*)

A nuestro lado la viuda y las otras vecinas que venían con ella seguían venga a gritar, no solo por vernos a nosotros en la cama del muerto, sino al no encontrar a este por ningún lado.

Quilla insistía en señalar el sitio donde le habíamos dejado, pero allí no había nadie.

(*Pone voz de Antón en aquella situación.*)

—Nosotros, desde luego, le hemos dejado ahí anoche, muy bien puesto, eso sí. Rezamos unas oraciones por su alma, y luego ya, como no podíamos hacer nada más, nos metimos un poco en la cama a dar una cabezada. Y él se quedó ahí, tranquilamente... ¿verdad Niño? Ahí mismo estaba.

(*Al público.*)

Me preguntaba a mí como si yo fuera un testigo de fiar.

Las vecinas y la viuda seguían dando gritos, a coro lo hacían. Primero gritaba una, y luego contestaban las demás. Parecía que lo habían ensayado y todo.

(*Imita el coro plañidero de las vecinas.*)

—«Ahhhhh....».
—«Ahhhhh....».
—«¡No está, no está...!».
—«¡No está, no está...!».

(*Vuelve al público.*)

Mientras tanto seguían mirando por todos los rincones, como si el muerto se pudiera haber escondido en cualquier lado, como un gato.

Yo estaba muy asustado. Era lo que me faltaba, que me acusaran ahora de robar un muerto. Alguna bolsa sí, tengo que reconocerlo, de pequeño, para que pudiéramos comer en casa, pero muertos... ¿Para qué quiero yo un muerto?
Una vecina sin dientes con pinta de verdugo enfadado gritó:

(*Pone la voz y el grito de la vecina.*)

—¡Que les den tormento para que hablen!
En eso ya estaba llena la puerta de la casa de muchos vecinos con caras terribles de venganza, y garrotes en las manos. Parecían un cuadro de esos que pintan en las iglesias que están los condenados quemándose en el infierno. Quilla y yo nos miramos con desesperación, viendo lo mal que pintaba aquello.

Y en ese momento apareció, detrás de varios vecinos, el muerto en la puerta. El muerto que no estaba muerto, que estaba más vivo que yo. Y dijo, tranquilamente, que había ido a dar una vuelta a sus tierras, a ver qué tal la cosecha. Y que quería desayunar.

Preguntó después, ajustándose la faja, qué hacía toda esa gente en su casa a esas horas, que si había habido alguna desgracia.

Algunos empezaron a santiguarse, y varias de las viejas se pusieron de rodillas y empezaron a cantar una canción de iglesia, para dar gracias a Dios por el milagro.

(*Imita ahora la canción religiosa con tono procesional de las vecinas.*)

—«¡Oh, María, madre mía / oh, consuelo del mortal, / amparadme y guiadme / a la patria celestial !».

(*Vuelve a hablar al público.*)

Lo más sorprendente fue el cambio que dio la dueña de la casa, cariñosísima con su marido al que, pocas horas antes, creyéndole muerto, había tratado con tanto desdén. Y explicó a todos que ya le había pasado más veces lo de darle un ataque y quedarse como muerto, pero que gracias a Dios estaba de nuevo con ella lo que más quería en el mundo. Y él le decía que basta de besuqueos, que le llenaba de babas, y que le pusiera el desayuno, que tenía hambre.

A Quilla se le ocurrió decir que si, ya puestos, podíamos también desayunar nosotros, y nos cayó allí mismo una lluvia de palos, sobre todo a mí, que como me ven más joven siempre me dan más, no sé por qué.

Nos trataron fatal y nos sacaron a golpes y a empujones del pueblo. Gritaban mientras nos decían que era por haber sacado al muerto de la cama de mala manera para meternos nosotros, y yo les gritaba que ni siquiera estaba muerto, pero nada, nos volvió a caer el cielo encima, como siempre.

Cuando conseguimos librarnos de ellos nos curamos las heridas como buenamente pudimos, y determinamos que a partir de ahí había que tener mucho cuidado no solo con los vivos, sino también con los muertos.

Molidos como estábamos, tuvimos la fortuna de que varios carros que encontramos hicieron por nosotros el resto del camino hasta casa. El pie torcido de Quilla nos ayudó a que nos cogieran, ya que él en cuanto veía un carro acentuaba lo más que podía su cojera. Así que casi no paramos ya en unos días, escarmentados del género humano y de lo duros que son los caminos de las Españas. A esas alturas del viaje pensábamos que si es verdad que cada golpe te enseña algo, nosotros ya éramos sabios.

Y llegamos por fin a Talavera.

VII. La triste llegada a casa

Cambia la proyección. Vemos ahora la muralla de Talavera en aquella época.

Pasamos por la célebre muralla, y Antón, al ver mi cara dijo que todo era cuestión de gusto. Sí, pensé yo, de tenerlo o no.

Fuimos a su barrio en busca de su mujer y de su casa, lo que había sido la única meta de su vida durante los años de galeras y después por los caminos. El iba a cada paso más deprisa y más nervioso, y yo siguiéndole detrás. De pronto, señalando una casucha de adobe, dijo:

—«¡Mi casa!».

Allí fuimos, y allí se llevó el hombre el mayor disgusto de su vida.

La casa estaba cerrada y, al parecer, abandonada. Un pariente que vivía al lado salió al oírnos llamar una y otra vez, y nos dijo que María, la mujer de Antón, le dio por muerto y se había vuelto a casar. Que ahora vivía en un pueblo cercano con un labrador y un hijo que tenían, y que no sabía más de ella porque no la había vuelto a ver.

Antón al oírle se quedó como el poyo de piedra que había al lado de la puerta de su casa. Le oí repetir para sí mismo varias veces, con voz de animal herido:

(*Pone la voz de Antón dolorido.*)

—«¡Pero no puede ser...! ¡No puede ser...!».

(*Habla al público.*)

Arrancó algunas hierbas salvajes que habían crecido en el quicio cerrado de la vieja puerta de madera de la casa, y siguió mascullando un buen rato dentro de sí su letanía de:
—«¡No puede ser! ¡No puedes ser!».

(*Va hasta la caja de pino.*)

¡Pobre Quilla, qué mal lo pasaste ese día! Peor que en galeras, que el corazón duele más que el cuerpo y le cabe dentro el sufrimiento entero de la tierra. Yo no sabía qué decirte ni cómo ayudarte, por eso estaba callado a tu lado.

(*Vuelve a hablar al público.*)

Cuando consiguió reponerse, me dijo que fuéramos a ver al cura del lugar, por si podía decirle algo más de su mujer, que aunque le había puesto de diablo en un auto y denunciado después a la Inquisición, él decía que lo había hecho porque era su obligación de cura, pero que era buena persona. Así que haciendo de tripas corazón emprendió el camino lo más deprisa que pudo hacia la casa del cura, y yo detrás, como siempre, sin saber qué decir en esa situación.

El cura, al verle, le reconoció enseguida y pareció alegrarse de su libertad. Le confirmó la mala noticia sobre su mujer que le había dado el vecino, y le aconsejó que, para no enredar más, dado que era un ex convicto, lo mejor era dejar las cosas como estaban, y más siendo el otro un labrador adinerado, y encima con niños de por medio.

(*Pone la voz del cura.*)

—«¡Los caminos del señor son inescrutables!».

(*Vuelve a hablar con su voz.*)

Dijo, dando el asunto por cerrado. Y Quilla tuvo que aguantar su pena como pudo.

Así fue nuestra triste llegada a Talavera. El cura nos dejó dormir esa noche en la iglesia, y al día siguiente salimos de allí camino de Toledo, donde yo tenía mi casa antes de galeras, y deseaba volver a abrazar a mis ancianos padres. Él decidió acompañarme y venir conmigo. Me dijo que en ese lugar que le vio nacer ya no le quedaban nada más que malos recuerdos.

Hicimos el camino a Toledo con caras muy diferentes los dos: él vacío por dentro y yo lleno de esperanzas por ver al fin a los míos

(Cambia la proyección. Vemos ahora Toledo en aquella época.)

Pero llegar y salir de Toledo fue todo uno, como nos había pasado en Talavera, que tampoco yo conseguí mi propósito ya que mis padres habían fallecido hacía tiempo los dos de un contagio de viruela que hubo por esas tierras, y como quemaron los cuerpos no tuve ni el consuelo de poder ir a su tumba a rezarles. Dios dispone y él sabe por qué. Los mortales a llevarlo lo mejor que podamos.

En la que había sido mi casa cuando salí para galeras vivían ahora otros vecinos que ni me conocían, ni yo a ellos, y los pocos familiares que tenía habían dejado Toledo hacía tiempo, me contaron cuando intenté buscarlos. Lo único que quedaba de mis tiempos allí de niño eran las calles, y recorrerlas solo me produjo tristeza.

Fuimos, eso sí, a la iglesia llamada de La Piedad, que es a la que yo había ido de pequeño con los míos, donde lloré y recé a mis padres, que Dios perdone.

(Cambia la proyección. Se ven ahora los colores de un rosetón de iglesia en el fondo. Suena el órgano. Va hasta el reclinatorio, se arrodilla y se santigua reviviendo el recuerdo.)

Miré a mi lado, en el banco conmigo a Antón, en la iglesia, y vi que también estaba llorando. Fue la única vez que le vi llorar en la vida, a pesar de las muchas desgracias y sinsabores que nos pasaron, pero quería mucho a su mujer y quedarse sin ella fue un golpe muy duro, aunque intentaba llevarlo lo mejor que podía, pero allí abrió un surco para que brotaran y salieran fuera las penas guardadas en sus lágrimas.

Estuvimos llora que te llora allí lo dos un buen rato, y pensé la cantidad de lágrimas que se habrían vertido en ese banco, que en las iglesias se abren los corazones de los mortales. Recordé la de veces que había estado de niño con mi madre en uno de esos bancos, con ella llorando a mi lado, y pensé que ella también había sido toda su vida un galeote en su casa. Me he pasado la vida viendo el sufrimiento de los que me rodeaban, y me acostumbré, como se acostumbra uno a todo, a ver a los pobres galeotes remando cada día en el lugar que les ha tocado en suerte, y en desgracia. A veces lo olvidamos pero vivir es eso.

Llevaba yo mucho rato en el banco pensando y me vino a la cabeza cuando mi madre me decía con esa voz pequeña que tenía, casi ahogada por las lágrimas:

(*Pone ahora la voz de su madre que tiene guardada en su recuerdo.*)

—Mira Benjamín, hijo, la cara de la virgen de La Piedad, llena de lágrimas ¿Las ves? Llora con nosotros.

(*Vuelve a hablar al público.*)

Miré a Quilla, que estaba en el sitio de mi madre, y luego a la Virgen, allí en el altar, iluminada con la luz de los rayos de sol que le llegaban desde el fondo. Y vi que los dos seguían llorando.

(El coro de monjas entona el Salve Regina en honor a la Virgen, que han oído nombrar. BENJAMÍN *se santigua y se levanta del reclinatorio, va hasta la caja y pasa la mano por la madera, serenando su espíritu. Coro de monjas)*

«Salve, Regina, Mater misericordiae,
Vita, dulcedo, et spes nostra, salve.
Ad te clamamus, exsules filii Hevae,
Ad te suspiramus, gementes et flentes
In hac lacrimarum valle.
Eia, ergo, advocata no tra, illos tuos
Misericordes oculos ad nos co verte;
Et Jesum, benedictum fructum ventris tui,
Nobis post hoc exilium ostende
O clemens, O pia, O dulcis Virgo Maria.».

(Al terminar el coro BENJAMÍN *va hacia el público. Cambia la proyección y se ve ahora un gran muro del exterior de una iglesia.)*

Salimos de allí hablando de cosas sin importancia para quitarnos los fantasmas de la cabeza, y Antón me dijo lo mucho que le gustó lo bonita y recogida que era la iglesia de La Piedad, de mi tierra.

Nos sentamos fuera a la sombra de sus gruesos muros, a intentar aliviar el calor ya que era un día de mucho sol.

(*Sube la luz amarilla inundándole de sol en el recuerdo, y se sienta en el suelo imitando aquel momento.*)

Y nos quedamos un rato en silencio meditando sobre el negro destino que se abría a nuestros pies ya que los dos nos habíamos quedado solos en el mundo, sin casa que buscar, familia que encontrar ni sitio donde vivir. Él no tenía buenos recuerdos de Talavera, ni yo de Toledo, donde la justicia me había maltratado y solo me quedaban amarguras, así que la tierra que nos vio nacer no la sentíamos en ese momento muy acogedora.

VIII. Nace un autor de teatro

Se escuchan solemnes, doce campanadas en el reloj de la iglesia.

Llevábamos un rato allí los dos callados rumiando nuestras penas, cuando el reloj de la iglesia dio las doce campanadas, y Quilla, como si esas campanas fueran una señal del más allá, se levantó de pronto del suelo y, con ese entusiasmo que yo no sabía nunca de dónde lo sacaba, dijo:

(Se pone de pie e imita a Antón en aquél momento.)

—¡Niño, ya sé lo que vamos a hacer! Ya que no tenemos obligaciones de familia y estamos libres como pájaros… ¡A volar! A la Corte, que es donde van todos los que no tienen dónde caerse muertos, y los cómicos a triunfar, que Dios aprieta pero no ahoga.

(Mira a la caja.)

¿A qué sí, Quilla, a que dijiste eso?

(Habla al público.)

Siempre repetía eso de: «Dios aprieta pero no ahoga», pero yo creo que es al revés. Como veía nuestro porvenir más oscuro que sotana de cura se le ocurrió irnos a la corte, a Madrid. Además, desde Toledo no estábamos muy lejos. Yo le pregunté qué íbamos a hacer allí.

(*Pone voz de Antón contestándole.*)

—Pues representar, qué si no. Lo que hemos hecho hasta ahora para ir viviendo, Niño. ¿No triunfan otros?

(*Vuelve a hablar al público.*)

Yo le dije que en la corte esos enredos tan tontos que hacíamos por los caminos no iban a gustar, y a él le sentó mal ver mi opinión de nuestro trabajo, pero después reconoció que cuatro saltos, dos caídas y unas burlas de cuernos, era poco material para actuar en los corrales de Madrid. Y después de un rato callados, fui yo el que esta vez rompió el silencio.

(*Habla hacia la caja como si hablara a Antón en aquella ocasión.*)

—Podemos decir algunos versos..., Quilla —dije yo—. Meterlos entre las caídas y las danzas que hacemos. Tú me has dicho que en Madrid gustan mucho los versos. Y si cuentan una historia, mejor.

(*Pone ahora las voces de uno y de otro en aquella conversación del pasado.*)

—¿Y quién hace esos versos, Niño? Porque yo sé actuar, pero de versos nada —dijo él.
    —Yo he ido haciendo alguno por los caminos, que siempre me han gustado las coplas que cantaban mis padres, que eran muy copleros para todo. Si había fiestas: coplas. Si había vendimia: coplas. Si alguien se casaba o nacía un niño: coplas. Para enamorar o para rondar: coplas. O si llovía o si hacía sol: más coplas. Y las coplas son muy parecidas a los versos.

(*Habla al público.*)

Al oír que yo sabía hacer versos se quedó con la boca abierta mirándome muy fijamente, sin saber qué decir. Y yo seguí hablándole de mi idea.

(*Habla a Antón en la situación que revive.*)

—Fui a la escuela de pequeño, que mis padres eran pobres pero copleros, y me compraron cartilla y buscaron maestro. Y muchas veces canté con ellos letras que se sabían o que se inventaban para cada ocasión. Y algunas de esas coplas las he arreglado yo para versos. Podíamos decirlos tú y yo en la corte tan ricamente, a ver si así amanece Dios, como tú dices siempre.

(*Habla al público.*)

Él, cada vez más sorprendido, me preguntó:

(*Pone de nuevo voz de Antón.*)

—¿Y tienes aquí alguno de esos versos...?, para oírlos.

(*Al público.*)

Yo saqué entonces de mis ropas unos papeles arrugados y le leí unas líneas.

(*Hace como que saca un papel imaginario, se pone en la cabecera de la caja y hace que lee, recitando ingenuamente.*)

«Mochole el choto a la chota,
y un lametón le pegó,
la chota soltó un bramido,
y muy dulce le miró.
Él empezó a restregarse,
ella también restregó.
El colgante, ya caliente,
poco a poco se salió.
Ella por dentro notaba
la hierba, el aire y el sol,
la sangre subía y bajaba
desde la ubre hasta el pezón.
Encima le fue montando,
encima de ella montó,
su peso ella no notaba,

solo su calor notó.
El panecillo en el horno
poco a poco se metió,
y en ese mismo momento
todo el mundo se paró.
Paró de correr el río,
paró de girar el sol,
pararon todas las cosas,
solo el goce no paró.».

(*Hace como que recoge el papel, hablando al público.*)

Antón, mientras yo leía ni respiraba, como si le hubiera dado un pasmo. Y, como si despertara, preguntó.

—¿Y has escrito más? ¿Más versos…?
—Sí. Tengo más.
—¿Y puedes decir otro… ahora…?
—Claro. Tengo muchos. ¿Uno de ronda de amor vale?
—¿De ronda…? Sí, a ver, me dijo él, y yo le leí otro que tenía allí.

(*Hace como que saca y lee otro papel con versos.*)

«No vengo hoy yo, señora, a importunaros,
ni a robar vuestras flores, ni a raptaros,
que vengo a vuestras plantas yo a rondaros.
Vengo a rogaros favor,
con mi canto y con un beso,
que el amor que yo os profeso
os viene pidiendo amor.

Vengo a entregaros, señora,
el deseo que crece en mí,
que solo vive ya en ti
el que a vuesas plantas llora.
Vengo a cantaros, mi dueña,
mis penas y mi dolor,
que todo lo llena amor
al que solo en amar sueña.».

(*Habla al público.*)

Él vino hasta mí, de pronto, y me abrazó.

(*Abre los brazos y grita con voz de Antón entusiasmado.*)

—¡Pero Niño! ¡Tú eres poeta! ¡Poeta, te lo digo yo que de eso entiendo un rato! Escribir versos no sabré, pero distinguir la buena poesía, mejor que el vino, y de vino entiendo. A leguas sé la que es buena, y esas tuyas son de las mejores que yo he oído.

(*Al público, con su voz.*)

Luego, muy entusiasmado, siguió un rato diciendo que íbamos a triunfar en Madrid con lo buen poeta que yo era y el gran actor que era él. Y aunque le dije que no todo lo que le había leído era mío, que parte se lo escuché cantar en una letrilla a mis padres…

(Canturrea ahora imitando las voces de sus padres, con música de copla antigua, llevando el ritmo de jotilla con palmas.)

«Móchole el choto a la chota
y un lametón le pegó,
la chota soltó un bramido,
y muy dulce le miró…».

—Lo de los chotos es de la canción, Quilla. Lo otro ya es mío…, pero lo de los chotos se lo sabe todo el mundo…

(Pone voz de Antón contestando.)

—¡Eso no importa, Niño! —dijo él—. Los poetas famosos también copian todo lo que pueden, que las comedias del gran Lope la mitad no son suyas, que vienen de coplas del pueblo, como las tuyas. Se las oiría a alguien, y él puso algunos versos más que se le ocurrieron, como tú. A ver si te crees que es de él eso tan famoso de: «Que de noche le mataron al Caballero, la gala de Medina, la flor de Olmedo», o «Fuenteovejuna todos a una»… O las canciones que pone en sus obras… Pues como lo del choto y la chota tuya, igual. Lo oyó por ahí y lo puso. La gente cree que es de Lope, y ya está. Las palabras y los versos son del que los usa, no del que los inventa, que ni se sabe quién ha sido. A lo mejor los romanos, o los moros.., vete tú a saber…

(Va hacia el público.)

Y ya no hubo quien le apeara del burro. Así que al poco dejábamos Toledo y salíamos camino de la Corte, donde íbamos, según él, a triunfar en sus corrales. Decía que lo más importante era conseguir representar en el corral del Príncipe, el más famoso de todos los corrales de la villa y corte de Madrid, y que hasta nos podíamos llevar la máscara de plata, que era el premio que daban a la mejor comedia del año, aunque eso era muy difícil porque se la daban siempre a Lope, pero que Dios dispone y todo podía ser. Y en un quítame allá esas pajas pasamos del desconsuelo a la ilusión, gracias a su entusiasmo.

Así empezó nuestro viaje hacia un nuevo destino, y por esa decisión de Antón ante los muros de la iglesia cambió el horizonte de mi vida, y empecé a ser, desde ese momento hasta hoy, poeta de teatro.

Nos pusimos unos viejos sombreros de ala ancha que teníamos para que no nos diera el sol del mediodía en el viaje, cogimos nuestros hatillos y emprendimos el camino a Madrid.

(*Va al cestón, mira entre las cosas y saca un viejo sombrero de ala ancha.*)

Su viejo sombrero…

(*Se pone el sombrero y va hacia otra parte del escenario, como cambiando de lugar y ordenando sus recuerdos.*)

IX. El viaje a Almagro

Pero el destino, que todo lo trastoca, había decidido que no llegáramos a Madrid. Poco después de salir de Toledo, y mientras imaginábamos las comidas fabulosas que nos íbamos a dar cuando triunfáramos... ¡Qué hambre siempre, qué hambre!, nos encontramos con una carreta de cómicos, llena de aderezos de representar, que venía por el mismo camino que nosotros pero en dirección contraria.

(*Cambio de proyección. Vemos ahora una carreta de cómicos de la época.*)

Quilla al ver a uno de ellos que iba en el pescante, lo reconoció de su época de cómico en Madrid, y se puso a llamarle a gritos:

(*Hace la voz y los gestos de aquella ocasión, moviendo el sombrero de Antón en la mano.*)

—¡Eh, tú, Nicanor! ¡El del carro, sí, tú! ¡Que soy Antón, Antón Toledo! ¿No te acuerdas de mí? ¡Que sí, hombre sí, Antón...! ¡De Talavera!

(*Habla al público.*)

El otro al principio dudó, porque hacía años que no veía a Antón y no le reconocía, pero luego, al recordarle, paró el carro y bajaron, y todo fueron efusivos abrazos y parabienes, que los cómicos son muy exagerados para todo. Quilla saludaba a su amigo y a sus colegas del carro, y me presentó a mí como su compañero de viaje. Así nos enteramos que eran la famosa farándula de Carcoma, una de las más celebradas en todos los corrales de las Españas. Carcoma, el viejo cómico, iba con ellos, y todos le tenían mucho respeto por su fama y su edad. Nos contaron que iban para Almagro, donde había un famoso corral en el que pensaban representar. Nosotros les dijimos que íbamos a Madrid a intentar entrar en alguno de sus corrales, y ellos nos avisaron que sería imposible porque había una epidemia de viruela y se habían cerrado por orden real, por lo que todos los cómicos se estaban yendo a Almagro, como ellos, para representar allí sus comedias, que ahora era temporada.

Les preguntamos si podían llevarnos con ellos y dijeron que no tenían papel para nosotros en la comedia que representaban, pero que podíamos montar en su carro y hacer con ellos el camino, lo cual nos pareció muy a propósito, pues Madrid ya no era nuestro destino y volver atrás no nos era posible. Así es como por una decisión del destino encaminamos nuestros pasos ese día hacia Almagro en carro de cómicos.

(*Deja el sombrero en el cesto.*)

Antón y yo íbamos ensayando por el camino siempre que podíamos, y los otros cómicos cuando nos veían comentaban siempre lo buen actor que era Antón y lo malo que era yo. Él se empeñaba en corregirme y ayudarme pero parece ser que no era fácil la tarea.

(*Pone voz de Antón.*)

—¡Niño, eres buen poeta pero qué mal actúas, hijo! Tienes que ser más natural, y no mover tanto las manos para un lado y para otro, que pareces un molino. Piensa lo que dices, no repitas las cosas como los loros. Y abre más la boca, que parece que la tienes siempre llena de patatas. Almagro es plaza difícil, la gente de allí es muy entendida y no se le puede dar gato por liebre. En el tablado no se dice igual «ha llovido» que «me han azotado», o «he comido» que «se ha muerto mi padre». La palabra «azotado» tiene que doler, ¿comprendes? Y la palabra «comida» tiene que llenar la boca de saliva a los espectadores, ¿te enteras? Si dices… «cuchillo» tienes que sentir en la mano como si te hubiera cortado. ¿Me comprendes? ¡Y cierra la boca, que pareces tonto escuchando con la boca abierta!

(*Recupera su voz y habla al público,*)

Yo cerraba la boca y decía que sí con la cabeza, y él se desesperaba. Yo creo que me había cogido algo de manía por no actuar a su gusto.

(*Cierra la boca apretando mucho los labios, como con una máscara puesta. Vuelve a hablar como Antón.*)

—¡Pero no tanto, Niño, no cierres tampoco la boca tanto! En el teatro se exagera todo un poco pero no se tiene que notar, ese es el arte, que parezca natural lo que no lo es. ¡Si pones esa cara parece que estas descargando la tripa en vez de actuando! Imagina si tienes que decir: «¡qué alegría más grande!, y pones esa cara de pena.

(*Habla con su voz al público.*)

De sobra sabía yo que no era dado a esos menesteres. Desde el día de las lavanderas que me apedrearon sus maridos por hacer de gallo no me gustaba actuar. Y se notaba.

(*Habla otra vez como Antón enfadado y regañando.*)

—Tú, cuando actúes, Niño, piensa que no eres tú, que eres otro. ¿Lo coges? ¡Lo primero cambia esa cara, que parece que estás siempre en un funeral! Pero en cambio hacer versos qué bien se te da, jodío. ¿De dónde los sacas? Los versos.

—De la mollera —le decía yo—. De las coplas de mis padres y de oírte decir versos a ti cuando me cuentas lo que hacías antes de galeras. Como tú le dices versos de los que te sabes a todo, se me han ido quedando.

(*Habla como Antón.*)

—¿Yo te he enseñado? Pues habrá sido sin querer porque no me he dado ni cuenta. ¡Venga, basta de palique y a ensayar, que cuanto más se repitan las cosas mejor salen! Esto del teatro es repetir, y repetir y seguir repitiendo.

(*Habla al público.*)

Y así íbamos camino de Almagro, ensayando y preparando como podíamos los versos que se me iban ocurriendo. Él decía siempre que eran estupendos y que era mejor que los dijera él, porque si los decía yo los estropeaba.

(*Pone la voz de Antón.*)

—Niño, tú no te preocupes, que los autores famosos nunca han actuado bien. Están a lo suyo. Tenías que ver actuar a Lope de Vega, cuando lo hace en algún ensayo o porque se ha puesto alguno malo. Parece como tonto, y mira que es listo luego escribiendo versos. Pues tú igual. Algún día serás escritor de fama en los corrales de Madrid. Yo haré las obras que tú escribas. Tú no hace falta que actúes, solo a escribir, a sacar cosas de tu mollera, como dices. Y un día te llevaré a que conozcas al gran Lope, para que veas que él hace versos casi tan bonitos como los tuyos.

(*Al público.*)

Y como él me decía sin parar que yo hacía muy bien los versos, yo me lo creía, que el que te aplaudan lo que haces es el mejor maestro del mundo. Y más aun cuando los cómicos que nos llevaban en el carro al oír mis versos los aplaudían también y me aconsejaban. Yo escuchaba a todos, que de la harina de los sabios comemos los simples. Así que el viaje a Almagro, en el carro con los otros cómicos, inventando versos y ensayando, fue el viaje más bonito de mi vida.

Me encantaba ver cómo sonaban las palabras cuando las juntaba y las separaba, y hacía con ellas casas como si fueran barro. A mí, que nunca me había gustado nada el mundo de verdad, empecé a descubrir que había otro dentro de las palabras, y que ese sí que me gustaba y me hacía agradecer estar vivo.

En ese viaje, además, medio me enamoré de una actriz del carro que era como un jarro de vino, de lo bien que me sentaba. Era un poco tuerta pero muy guapa y dulce, y actuaba que daba gusto verla. Como era mayor que yo me enseñó muchas cosas del cuerpo y del alma que no sabía, y como no estaba acostumbrado a esos placeres estaba en el cielo antes de morirme.

Otra de las cosas importantes que me pasaron en ese viaje fue conocer a Carcoma, que fue como conocer el teatro por dentro, por lo mucho que sabía. De él aprendí algunas cosas que han sido muy importantes para mi vida en el teatro. El último día, al despedirnos, le pedí que me dijera qué había que hacer para escribir buenas obras, que me explicara qué era lo mejor del teatro. Y él me contestó:

(*Saca la voz del viejo cómico Carcoma de sus recuerdos.*)

—Lo mejor del teatro no se puede explicar.

(*Al público.*)

Luego me dio un abrazo y se fue. «Lo mejor no se puede explicar.».

Traté de encontrar a Carcoma años después, cuando salí de aquí y fui a Madrid, pero ya había muerto.

Pero no estoy aquí para hablarles de mí, sino de Antón. Tienen que perdonarme, es que a veces se le confunden a uno los recuerdos en la cabeza, y hay cosas que ya no sé si me han pasado a mí o a él.

(*Va hasta el cesto y saca de dentro una máscara de diablo.*)

Antes de llegar a Almagro nos pasó un suceso del que quiero hablarles ahora, en el que

Antón otra vez nos sorprendió a todos con su ingenio. Fue en un bosquecillo cercano al camino real, donde habíamos parado a pasar la noche.

Estábamos sentados alrededor de una hoguera todos charlando de nuestras cosas de triunfar en Almagro, menos Quilla que se había quedado adormilado dentro del carro porque otra vez le habían dado esas fiebres que a veces le entraban desde que estuvo en galeras. Y aparecieron, de pronto, dos facinerosos a robarnos lo poco que teníamos. Parecían soldados desertores porque llevaban un arcabuz y ropas militares. Se presentaron allí y nos amenazaron con el arma, y ya estábamos dispuestos a darles lo que teníamos, cuando Quilla apareció en lo alto del carro vestido con unas ropas rojas y esta máscara de diablo que pilló en el carro, que llevaban porque representaban también un Auto.

A Antón, recordando el efecto que había tenido su aparición de diablo en Talavera, se le ocurrió repetir el efecto en esa situación, dando gritos y haciendo gestos que en medio de la noche y a la luz de las llamas de la hoguera asustarían a cualquier cristiano.

(*Se sube encima del sillón y se pone a dar gritos y a hacer exagerados gestos, colocándose en la cara la máscara de diablo.*)

—¡Agggggggggg…!

(*Aparta la máscara y habla al público.*)

Nos asustamos hasta nosotros, y eso que reconocimos a Quilla desde el primer momento, pero es que daba unos gritos que impresionaba, y más vestido así, y allí en lo alto. Además, los cielos se ve que se asustaron también, y, como la otra vez, empezaron a mandar rayos y truenos en una tormenta que ponía los pelos de punta. Y él seguía grito va, grito viene.

(*Vuelve a ponerse la máscara. Suenan los truenos de la tormenta de su mente, llenando la escena con relámpagos, mientras sigue con sus gritos.*)

—¡Agggggggggg...!

(*Para la tormenta y se quita la máscara.*)

Los dos facinerosos salieron como alma que lleva el diablo en cuanto les volvió la sangre a las piernas, que se les habían quedado paralizadas del espanto.

El caso es que gracias a Quilla, y a su papel de diablo, nos salvamos de que nos robaran. El único perjudicado de la noche fue él, que al bajar del carro, por lo nervioso que estaba de la actuación, o la fiebre que aún tenía, se cayó desde lo alto y se quebró un diente. También pudo ser porque le castigara el diablo por ir haciendo su papel de uno a otro lugar. Un diente de arriba, que se veía mucho el hueco. Quedó el pobre más feo aún de lo que era, porque Quilla era feo, todo hay que decirlo. Y sin diente, más.

(*Habla hacia la caja.*)

Sí, Quilla. Muy gracioso y muy buena persona, pero feo… un rato. Y más sin el diente ese, que desde entonces con el hueco que había, cuando abrías la boca parecía que tenías la nariz más larga. Y ya era larga.

(*Al público.*)

Ya no se volvió a vestir de diablo en la vida, quedó escarmentado. Y lo que nunca supo explicarnos es lo que hacía para que lloviera y hubiera tormenta.

(*Mira la máscara que tiene en sus manos.*)

La máscara se la dieron los otros cómicos como agradecimiento a su ocurrencia que nos salvó a todos, y se la llevó con sus cosas, pero no se la volvió a poner nunca, o al menos yo no le vi con ella.

(*Pone la voz de Antón.*)

—¡No me vuelvo a vestir de diablo ni aunque me maten! —decía—. La primera vez un pie, la segunda un diente, a la tercera va la cabeza.

(Deja caer la máscara de diablo en el cesto.)

Y entre unas cosas y otras por fin llegamos a Almagro y a su famoso corral de comedias.

X. Un estreno maldito

Cambio de proyección. Vemos ahora el Corral de comedias de Almagro.

En el corral nos aceptaron y dijeron que actuábamos ese mismo sábado, dos días después, porque había fallado una farándula que iba a actuar ese día.

Nos pusimos a terminar a toda prisa, lo mejor que pudimos, el paso que íbamos a representar, con mis versos. Nos preguntaron el título, para anunciarlo en la puerta del corral, y, como no lo teníamos, tuvimos que resolver sobre la marcha. Yo me acordé del título de la obra que Antón había hecho de Lope, que tanto le gustaba: *La dama boba*, y pensé que uno parecido iría bien, porque además la trama del paso era más o menos la misma. Siguiendo los consejos de Antón pensé que si Lope copiaba a otros bien podía yo copiarle a él. Y de título se me ocurrió: *La moza tonta*. A Quilla le pareció bien, y dijo que representando yo ese papel de moza seguro que quedaba tonta. Y no me gustó la intención con que lo dijo.

Como él cuando me contó la obra de Lope me había dicho que la escena más graciosa era la de los abrazos y desabrazos, yo, ni corto ni perezoso, la copié lo mejor que pude y, alargada, era casi todo el paso, menos unos cantos y explicaciones al comienzo para que el público pudiera entender la historia.

Los versos que yo, vestido de moza tonta, decía, eran más o menos así:

(*Pone la voz que recuerda ponía en el papel.*)

« Los abrazos son, señor,
una muy dulce enseñanza,
que a lista me hacen mudanza
y a mi cuerpo dan ardor.
Tienen un grato sabor,
más si no os gustan, contar
que aprendí a desabrazar,
que todo lo enseña amor.».

(*Al público.*)

Y me contestaba él a gritos, muy enfadado, haciendo de mi padre.

«¡No te dejes abrazar!
¡Que abrazos y desabrazos
el honor hacen pedazos,
y no se puede arreglar!».

Y seguíamos un rato discutiendo allí, la hija y el padre. Pensábamos que la escena iba a gustar por original y graciosa, como si se nos hubiera ocurrido a nosotros.

Preparando esta y las demás escenas nos pasamos los dos días siguientes, solo parando para comer algo y dormir menos, que es lo que le sucede siempre a los cómicos ante un estreno.

(*Habla hacia la caja.*)

¿Te acuerdas, Quilla, lo nervioso y angustiados que estábamos ante la ocasión que se nos presentaba?

Y llegó por fin la noche del estreno.

(*Cambio de proyección. Ahora se ve el escenario del Corral de Comedias.*)

El corral estaba de bote en bote, más que nada creo yo que por el título que le pusimos al paso, y porque Antón se empeñó en llevar la copia un poco más lejos, y a mí me puso, como autor, el nombre de Lope de Valle en el cartel, por lo que mucha gente me confundió con el otro Lope, claro. Y llenamos.

(*Pone voz de Antón tratando de convencerle.*)

—No podemos poner tu verdadero nombre, Benjamín Campos, porque es muy feo y muy largo: «¡Benjamín!»…, y «Campos». No hay nada más aburrido que un campo. Y «Ben… jamín», peor aún. Parece «Ven… jamón», alguien que vende cerdos. Además es judío, para más inri. Tendríamos disgustos. No se hable más. Lope de Valle es mucho mejor. Fíjate que bien suena: «Lope», y «Valle». No vas a comparar. Cómo se llame el autor de verdad es lo de menos. Lo importante es que venga el público.

Es verdad que teníamos miedo de que no viniera nadie o no gustara, que son siempre los temores de los cómicos, así que no tuve más remedio que aceptar, no fuera que no viniera el público y me echara a mí la culpa por mi nombre.

Pero no fue ese el problema, que la gente vino y de sobra, sino otro mucho peor. Yo había metido en la obra, al principio, antes de la escena de los abrazos, unos versos que saqué de una coplilla de ronda, a la que cambié algunas palabras, y que decía la moza tonta, o sea yo, mientras espera un tanto excitada que venga su enamorado:

(*Pone la voz que ponía de moza tonta, y recita mientras hace como que se arregla para recibir a su enamorado.*)

«Quiere el cordero beber dentro de la fuente mía, que ya comienza a manar de néctares y ambrosía.
Quiere su carne morena entreabrir mi sacristía, y al empuje de su flor quiere romperme la mía.
Quiere su polen verter dulcemente en mi corola, quiere que estalle su aurora dentro de mi amanecer.
Quiere maitines tocar su badajo en mi campana, quiere su fuego prender muy dentro de mi pajar.».

(Habla al público.)

Una de las palabras nuevas que yo metí en la copla fue «badajo», porque se le había ocurrido a Quilla que yo, debajo de los vestidos de mujer que me tocaba ponerme, llevara un cencerro grande, como de buey, con un badajo dentro colgando, para que sonara. Así cuando yo dijera la palabra: «badajo», él se acercaba, y me metía mano entre las piernas y tocaba el cencerro y sonaba el dichoso badajo. A mí la idea me pareció de mal gusto, pero por no contrariarle no dije nada, y me lo puse. El caso es que así lo hicimos y ojalá no lo hubiéramos hecho.

(Va al cesto y saca un cencerro grande con badajo colgando, que hace ruido cada vez que lo mueve.)

Aquí está el dichoso badajo. No lo ha soltado desde entonces, a pesar de lo que nos trajo.

Empezamos a representar y el paso iba bien al principio, gustando al respetable, que reía y aplaudía nuestras ocurrencias y mis versos. Hasta aquí, bien. Pero fue decir yo «badajo», y meter él la mano debajo de mi falda... y hacerlo sonar...

(Lo hace sonar, recordando el momento.)

Y se nos cayó el cielo encima.

Primero un silencio que se podía cortar con un cuchillo de carnicero. Luego toses, carraspeos y ruido de gente que se movía y cuchicheaba sin parar. Y, después, zapatos, piedras y otras cosas pesadas que empezaron a caer sobre nosotros en el tablado, mientras nos tapábamos la cabeza como podíamos.

Al ver que la obra dejaba de gozar del favor del respetable, que cada vez era menos respetable, la precipitamos y terminamos lo antes que pudimos. La escena de los abrazos casi ni se entendió de lo rápida que la hicimos.

(*Imita aquella ocasión, diciendo los versos a toda velocidad, poniendo la voz de hija y padre en la escena.*)

—«Los abrazos son, señor,/ una muy dulce enseñanza,/ que a lista me hacen mudanza/ y a mi cuerpo dan ardor./ Me dan un grato sabor,/ más si no os gustan, contar/ que aprendí a desabrazar,/ que todo lo enseña amor.».
—«¡No te dejes abrazar!/ ¡Que abrazos y desabrazos/ el honor hacen pedazos,/ y no se puede arreglar!».
Llegamos al final como pudimos, sin un solo aplauso y creciendo cada vez más los murmullos amenazadores en el público.
¿Tal mal lo hemos hecho?, pensábamos nosotros mirándonos uno a otro. Cuando nos enteramos después de la causa de nuestra desgracia nos hicimos cruces por nuestra imprudencia, pero ya era tarde. Parece ser que en Almagro todo el mundo llamaba «La badajo»

a la señora del señor alcalde, por un inciden-
te que hubo hace tiempo. Contó, por lo visto, a una amiga en secreto que se aliviaba ella
sola con la bola de un badajo, ya que su marido hacía muchos años que ya no funciona-
ba por viejo. La amiga se lo contó en secreto
a otra, y esta a otra, de modo que al final de
la mañana ya la llamaba «La badajo» todo el
pueblo.

Desde ese momento la palabra «badajo»
era perseguida con saña por el señor alcalde
en toda la comarca. Y cuando nosotros nom-
bramos la soga en casa del ahorcado estábamos arruinando nuestro porvenir sin saberlo.

La cosa no quedó en la poca aprobación de
la obra, que ellos tomaron como un insulto a
todo el pueblo, sino que el señor alcalde, que
estaba allí con su buena señora desmayada por
el suelo del disgusto, mandó llamar a los alguaciles para apresarnos mientras el público
seguía pidiendo a gritos el mayor castigo para
nosotros.

Llegaron los alguaciles y subieron al escenario a cogernos. Quilla se resistió a que se lo
llevaran, y yo no tuve más remedio que hacer
lo mismo intentando ayudarle, sujetando como
podía el dichoso badajo que, con el ajetreo de
llevarme y traerme de un lado para otro, no
dejaba de sonar el condenado.

(*Suena de nuevo el cencerro recordando la ocasión.*)

Subieron vecinos del público al escenario y se sumaron al alboroto. Y pasó la desgracia peor que podía pasar. En el tumulto un alguacil que llevaba un arcabuz tropezó y se cayó, y soltó el arma que tenía en sus manos, que, al chocar con el suelo se disparó y mató a un vecino.

(*Se oye con fuerza el disparo del arcabuz.*)

Lo que pasó después es difícil de contar porque todo fueron gritos, insultos y puñadas sobre nosotros, que no teníamos culpa de nada y creíamos que el cielo se nos había caído encima. Pienso que nos habrían matado allí mismo si en ese momento no hubiera aparecido de pronto sor Adela, como llovida del cielo, la madre superiora, que entonces era solo una hermana de la congregación, y que afortunadamente para nosotros lo estaba viendo todo y decidió intervenir a nuestro favor. Resulta que en el mismo corral de comedias hay una ventana de una casa que da directamente al escenario, y los que viven en esa casa ven muchas veces las obras del corral por allí. Ese vecino es conocido de sor Adela, y ese día estaba invitada en su casa, y seguía con los dueños nuestra representación por su ventana. Así que cuando lo vio todo, apareció milagrosamente a nuestro lado y le pidió al alcalde que la dejara hablar con nosotros a solas antes de que ocurriera una desgracia mayor. El alcalde aceptó la petición de sor Adela, muy conocida en el lugar por ser de familia real, y salieron todos, quedándose a esperarnos fuera, en la puerta del corral.

Sor Adela nos dijo que lo había visto todo desde la ventana, y sabía que no habíamos tenido la culpa de nada, pero que como se habían enterado en el pueblo de nuestra condición antigua de chusma de galeras, no teníamos salvación si nos quedábamos allí, que nos harían responsables de lo que había pasado, incluida la muerte del pobre vecino. Nos propuso entonces un plan salvador que nosotros aceptamos, como es natural, con tal de salir de allí fuera como fuera.

Ella estaba en Almagro ese día con un carro en que llevaba a su hospicio del convento de Ciempozuelos, cerca de la villa de Madrid, los locos de los pueblos cercanos. Nos dijo que hacernos pasar por locos era fácil pues ya por tales nos tenían todos. Que recogiéramos nuestras cosas rápidamente, y le dejáramos a ella entenderse con el señor alcalde. Dicho y hecho. El alcalde aceptó que se llevara esa misma noche a esos dos locos de allí metidos en el carro con los otros extraviados que iban al hospicio del convento de La Caridad. Y al rato estábamos Quilla y yo dentro del carro, con otros desgraciados como nosotros, camino de esta loquería, perdonen hermanas, de este hospicio de La Caridad.

(Va al cesto y deja caer dentro el cencerro que aún tenía en sus manos.)

Yo iba en ese carro como se pueden imaginar: mohíno y desengañado de este mundo, rodeado otra vez de desgraciados, camino de un destino incierto. Pero cuando levanté mis ojos, presos del abatimiento, me encontré con que Quilla ya estaba hablando alegremente con los desdichados que nos acompañaban en el viaje. Y como pasó de pronto una estrella errante sobre nuestras cabezas, se puso a hablar… ¡De la buena suerte que teníamos!

(*Mira a lo alto y señala algo que cruza el cielo en su recuerdo, y habla con la voz de Antón.*)

—¿Habléis visto, compañeros? ¡Una estrella errante! Como nosotros. También está de viaje por el cielo. Es señal de buena suerte. Esta vez no tenemos que andar por los caminos, que nos llevan en carro. Ni pasar calamidades por el hambre, que nos darán de comer. Ni estar asustados por si nos cogen las justicias, que nos protege la iglesia. Estamos en manos de las monjas, el mayor bien de la tierra, os lo digo yo que pasé con ellas los mejores años de mi vida, cuando niño.

(*Avanza hacia el público, y vuelve al presente.*)

Yo ya no me pude aguantar más al escucharle y exploté, y me pelee con él en ese carro de locos desesperados, a la luz de la luna en medio de la noche. Me puse de pie en el carro y le grite:

(*Proyección de una gran luna, y se llena el escenario de su luz azul, como en su recuerdo. Se vuelve hacia la caja y revive la pelea de entonces.*)

—¿Buena suerte? ¿Que tenemos buena suerte, verdad? ¿Es que no lo ves? ¿No ves que todo es crueldad, odio, maldad, miedo, injusticia y dolor? ¡La tierra que nos han dado donde vivir está podrida! ¡Podrida! ¿No lo ves?

(*Vuelve al público, con cara de sorpresa.*)

¡Él sonreía! ¡Me miraba, tranquilo, y sonreía! Los demás locos del carro fijaban sus ojos en nosotros asustados, pensando que estábamos más locos que ellos. Allí metidos en ese carro perdido por un camino en medio de la oscuridad... ¡Discutiendo de tierra podrida!

Antón se puso serio de pronto, fue de las pocas veces que le vi así. Se puso de pie, a mi lado, y alzó su voz tanto como yo había alzado la mía.

(*Vuelve al lado de la caja, y retoma la voz de Antón, esta vez alta y fuerte.*)

—Sí, es verdad. A todos nos dan un trozo de tierra al nacer para que vivamos en él y lo cuidemos lo mejor que podamos, hasta que nos morimos y nos meten dentro de esa tierra. Pero la mía no está podrida, ni la tuya, ni la de ellos —dijo señalando a los del carro que le escuchaban ahora con respeto y silencio—. Ni la de las monjas que nos llevan a su casa, a su pedazo de tierra. Y por eso tienes que escribir tú esos versos tan bonitos que escribes: para que no esté podrida nuestra tierra. Es así de sencillo, Niño.

(*Vuelve a hablar al público.*)

Se sentó otra vez en el suelo del carro y no dijo más. Sacó la flauta de su hatillo…

(*Va hasta el cesto y levanta la flauta al aire.*)

…Y tocó una hermosa canción de siega, que algunos del carro se sabían y cantaron con él.

(*Toca unas notas en la flauta y suena la canción en un eco, y se unen las voces de los del carro. Al fondo proyección de un cielo luminoso lleno de estrellas brillantes.*)

Miré hacia arriba y vi el firmamento lleno de estrellas brillantes que parecía habían salido a escuchar la melodía de ese carro de desdichados que recorría los caminos de las Españas.

(BENJAMÍN *levanta los ojos a lo alto que está ahora iluminado por miles de estrellas. Sube el volumen de la música y la canción.*)

«Ésta sí que es siega de vida,
ésta sí que es siega de amor.
Hoy, labradores de España,

vení a ver la Moraña,
trigo blanco y sin argaña
que de verlo es bendición.».

XI. La máscara de plata

Cambia la proyección. Vuelve ahora la imagen del comienzo con el tapiz religioso y el nombre del convento-hospicio.

Así acabó nuestro desdichado paso por Almagro y su corral, nuestros sueños de triunfo y nuestro viaje a este convento-hospicio de las Hermanas de la Caridad.

(Señala el tapiz del fondo con el nombre. Luego va hasta el cesto y deja caer dentro la flauta que aun tiene en sus manos.)

Como el convento está acogido a sagrado no pudo entrar a detenernos La Santa Hermandad, que si no lo habrían hecho, al enterarse de nuestras desgracias, para ellos fechorías, en el corral de Almagro.

Eso fue hace ya años. Aquí llegamos, aquí nos refugiamos, y aquí seguimos un largo periodo de tiempo, escondidos como locos, sin serlo, como tantos otros. Tiempo después yo me marché y Antón se quedó, y no le había vuelto a ver hasta el día de hoy, ya sin vida.

Como estamos llegando al final, tengo que hablar ahora ya a vuesas mercedes de un día muy importante, el momento en que Antón y yo separamos nuestros caminos.

Fue el día en que esta casa vivió el mayor acontecimiento que había tenido desde su fundación, ya que el mismo Rey, su católica majestad Felipe IV, vino a visitar a su prima, la reverenda madre superiora, sor Adela, y ya de paso a ver el hospicio, protegido y amparado por su sello real.

El lugar se limpió y engalanó lo mejor que se pudo para la ocasión, y se prepararon actos para recibir a su majestad, como recordarán los que llevan aquí más años y estuvieron cuando el suceso. Entonces tuvimos Antón y yo la sorpresa de que sor Adela, que había sido siempre nuestra protectora desde que nos rescató años atrás en aquel corral de comedias de Almagro, llegó hasta nosotros y nos dijo que nos preparáramos, que teníamos que hacer una actuación de las nuestras ante el mismísimo rey. Sor Adela estaba muy nerviosa y emocionada al decírnoslo.

(*Pone voz de sor Adela en aquel momento.*)

—¡Fijaros qué suerte tan grande! ¡Vais a actuar ante su majestad! Todos los cómicos de España es lo que más desean. No sólo seréis perdonados de vuestras cuentas con la justicia y podréis salir tranquilamente de aquí, sino que os servirá para poder actuar con protección real en un corral en Madrid. Dios ha escuchado mis plegarias. Hasta puede que su majestad os conceda la merced de que tengáis ración en su mesa, como ha hecho con La Calderona y con Cosme Pérez, al que llaman Juan Rana, y con algún otro cómico, que el rey es muy aficionado a la farándula.

(*Se vuelve hacia la zona donde se supone está sentada sor Adela.*)

¿Verdad, madre superiora que nos dijo eso, que podríamos llegar hasta a comer en la mesa del rey?

(*Habla al público.*)

Mientras la escuchaba yo no me atrevía ni a respirar por miedo a que aquello fuera un sueño y me despertara de golpe. ¡Pasar de galeras a actuar delante de su majestad el rey! Parecía imposible.

Nos dijo que lo primero que teníamos que hacer, al empezar la actuación, era saludar a su majestad y agradecerle su presencia entre nosotros, como se hacía siempre. Que yo escribiera una bonita loa a su majestad, y Antón la recitara con mucho respeto. Y luego ya que hiciéramos el paso que no pudimos hacer en Almagro..., «sin cencerro», eso sí, añadió sonriendo.

Cuando terminó de hablar sor Adela y se marchó, miré a Antón y vi que su cara tenía un extraño gesto. No parecía el mismo. Se le había borrado su eterna sonrisa y se le había

JOSÉ LUIS ALONSO DE SANTOS

puesto otra cara de pronto. Después de un momento de silencio me dijo, con una voz que me sonó desconocida, que él no iba a actuar para el rey.

(*Pone voz de Antón, esta vez seca y dura.*)

—¡Y menos a hacerle loas! —dijo.

(*Vuelve a hablar al público.*)

Así, sin más, y se fue hacia la puerta. Yo, desconcertado, fui hacia él y antes de que saliera traté de que me aclarara de qué estaba hablando, porque no entendía nada. Intenté decirle lo importante que era para nosotros hacer lo que nos había pedido sor Adela, y él se dio la vuelta otra vez para irse. Eso me enfureció, le sujeté y le obligué a escucharme a la fuerza. Le conté todo lo que habíamos pasado, como si no se lo supiera de sobra por haberlo vivido conmigo, y le hablé de nuestros sueños de triunfar en los corrales de Madrid, y él ni me contestó. Le solté… y se marchó.

(*Abre y suelta sus brazos al aire, como si aún estuviera en aquel momento.*)

Busqué a sor Adela y se lo dije, que Antón no quería actuar, y ella me contestó que mejor, no fuera a meter la pata, según era. Que lo preparara yo solo, que serviría igual. Que lo mío era lo más importante.

(*Pone la voz de uno y otro en aquella ocasión.*)

—¿Lo mío? —le pregunté yo, sorprendido.

—Sí, sí, lo tuyo, tus versos —contestó sor Adela. Eso es lo que quiero que oiga el rey, mi primo. Dices los papeles de uno y de otro, no pasa nada. En vez de un ñaque haces un bululú. El bululú es el género más difícil que hay en el teatro y de más mérito, ya que hay que interpretar, uno solo, todos los papeles. Tienes que escribirlo pensando que lo va a hacer un solo actor que representa al mundo entero. Y no te olvides de la loa, que tiene que gustarle a su majestad. Eso es lo más importante.

    —No sé si voy a saber —dije yo.

    —Pues claro que sabes. Y al rey le va a encantar, ya lo verás —dijo ella antes de salir—. Un bululú.

(*Vuelve a hablar al público.*)

Sor Adela había leído muchas veces los versos que yo seguía escribiendo aquí dentro, en el hospicio, todo ese tiempo. Y me dio consejos y me explicó muchas cosas de la escritura que yo no sabía, ya que ella había estudiado con buenos maestros de niña y es muy aficionada al teatro.

    Así que no tuve más remedio que disponerme a hacer lo que me pidió, y preparé esos días, lo mejor que pude, y casi a escondidas de Antón, mi actuación ante el Rey.

Y llegó el gran día. Vino su majestad, y se le recibió en el hospicio como el gran acontecimiento que era, con cantos de gloria de las monjas y alborozo de los residentes, ya que el ser más importante de la tierra venía a visitar a los más desgraciados.

(*Cambia la proyección, y vemos ahora la imagen de Felipe IV a caballo, de Velázquez, entre ruido de trompas y timbales. Después se escuchan los cantos de gloria del recibimiento del coro de monjas.*)

Coro de monjas. «*Gloria a Dios en el cielo*
y en la tierra paz a los hombres
que ama el Señor.
Por tu inmensa gloria te alabamos,
te bendecimos, te adoramos,
te glorificamos, te damos gracias.
Gloria a Dios en el cielo…».
Yo, antes de ir a actuar solo, intenté por última vez, mientras cantaba el coro, convencer a Antón.
Entré en la cocina, donde trabajaba normalmente. Estaba pelando un saco de patatas y echándolas en un gran caldero, ajeno al jaleo general del lugar.

(*Habla hacia un lugar imaginario con la voz de entonces. Se sigue oyendo a lo lejos el coro de monjas con su canto de Gloria.*)

—Ya ha llegado. El rey, que ya está aquí.

(*Al público.*)

Antón seguía pelando patatas, como ajeno a todo. Yo me acerqué más a él y seguí hablando.

(*Da un paso hacia la caja y sigue hablando a Antón como entonces.*)

—He venido a pedírtelo por última vez. Si no quieres tú, hazlo al menos por mí. Yo he hecho muchas cosas que no quería a veces, porque tú me lo pedías… ¡Por lo que más quieras, no me hagas esto ahora!

(*Se vuelve a hablar al público.*)

Yo hablaba y hablaba, y le daba razones y más razones, y él ni contestaba. Y cuanto más hablaba yo, notaba que más lejos estaba él. Solo se oía mi voz, el canto de las monjas a lo lejos, y el ruido de las patatas que tiraba peladas al caldero cada vez con más fuerza… «Plaf…, plaf…, plaf…».

(*Termina el canto de las monjas y se oyen solo, durante un momento, los golpes de las patatas en el caldero. Luego silencio.*)

Fue la última vez que le vi con vida, tirando patatas en un caldero.

Al alejarme de la cocina sentí un gran alivió. La verdad es que prefería decir mis versos yo solo, como me había dicho sor Adela, y que Antón no me los estropeara con alguna salida de las suyas, como lo del cencerro y el badajo en Almagro. Y menos delante del rey.

Actué yo solo, y según sor Adela todo quedó muy bien, aunque me dijeron que su majestad el rey tenía poco tiempo, y tuve que dejar el paso tan corto que no lo entendía ni yo. Pero ella me dijo que al rey le gustaron mucho mis versos, sobre todo la loa.

(*Recuerda de pasada y seguido, sin acentuarlos, los versos de la loa.*)

«Dios salve a su majestad, / que cubre con su
[grandeza
y sus signos de realeza/ a toda la humanidad.
El mundo entero se admira/ de su gala y
[tornasol,
ya que brilla más que el sol,/ dice todo el que
[le mira.».

Así seguían muchos versos, y como la loa no la corté resultó más larga que el paso. Realmente el rey estuvo allí muy poco tiempo, y mientras yo actué apenas miró. Cuchicheaba con los que de su alrededor, yo creo que de otras cosas, pero aplaudió al final, y esos aplausos fueron mi camino hacia una vida muy diferente a la que había llevado hasta ese momento.

Su majestad se marchó del hospicio un poco después, con la misma gloria y esplendor que a su llegada.

(*Trompas y timbales de nuevo. Cambia la proyección, y vuelve la anterior: el tapiz con el cartel del establecimiento.*)

En cuanto el rey se marchó yo me despedí de sor Adela y de las demás hermanas, y de los conocidos que tenía en el hospicio, y emprendí también el camino hacia la villa y corte de Madrid.

De Antón no me despedí. Ni siquiera había venido a verme actuar y a oír mis versos, y eso fue lo que más me dolió. No podía perdonárselo.

Cuando salí y me alejaba del hospicio oí su flauta a lo lejos.

(*Se oye el eco de una flauta a lo lejos, como en el recuerdo de* BENJAMÍN.)

Tal vez era su forma de decirme adiós.

(*Va hacia la caja y habla al cadáver.*)

Perdóname, Antón, no pude entender por qué lo hacías. En todo este tiempo solo me quedó de nuestra despedida el ruido de las patatas golpeando en el caldero…«Plaf…, plaf…».

(*Hace de nuevo el gesto con el brazo de echar patatas en el caldero del recuerdo.*)

He pensado muchas veces en ese día, y aún no sé si fue por las galeras, por tu mujer, por

los sufrimientos de los caminos, por ese pie
que tanto te ha costado arrastrar toda tu vida
por haber hecho de diablo, por las injusticias,
por el miedo, por las humillaciones, por el hambre, por la crueldad de la gente..., por el cencerro... O por poder decir, aunque fuese una
sola vez en la vida, la palabra: «¡No!».

¿Sabes que llegué a hablar con el gran Lope?
Está viejo y quejándose por todo. Ha llegado
Calderón, y otros nuevos, y ya no triunfa tanto. No te gustaría. Le hable de ti, pero no se
acordaba.

Mis comedias gustaron en los corrales, no
tanto como las de Lope, claro, pero lo sufi-
ciente. Y con mi nombre, no tuve que inven-
tarme otro, aunque a ti te parecía muy feo.
Supongo que ya lo sabrías, que alguien te lo
habría dicho.

Tengo algo para ti.

(*Saca de un bolso una máscara brillante y lu-
minosa de plata, que muestra en el aire.*)

En el corral del Príncipe me dieron este año
La máscara de plata. Esta vez no se la llevó
Lope. La obra por la que me la dieron se lla-
ma *Mil amaneceres*.

Cuenta la historia de un niño que acaba en
galeras por robar una bolsa para que pudie-
ran comer en su casa. Y allí encuentra a un remero que cada mañana le grita entusiasmado,
al ver nacer el sol por el agujero de su remo
en el casco:

—«¿Has visto, Niño, qué bonito es el amanecer?».

En *Mil amaneceres* salimos nosotros dos, sale esta escena, y esta conversación. Tú estás ahí metido en esa caja, muerto para siempre, y yo te hablo como ahora.

«El teatro es lo que no se puede explicar», decía Carcoma.

(*Mira la máscara de plata y la pone sobre la caja.*)

Tú te la mereces mucho más que yo.

(*Va hacia el cesto que contiene las cosas de Antón, y saca el trozo de remo y lo muestra en la mano. Se proyecta, al fondo, el mar, y se escucha, creciendo, el ruido de la boga de los remeros en la galera.*)

El remo me lo llevo. A ti ya no te hace falta y yo lo necesito para remar cada día hacia adelante, como me enseñaste tú, por duro y cruel que sea el banco de galeote donde estemos sentados.

(*Mezclado con el ruido del mar se empieza a escuchar el Lacrimosa, de Mozart, cantado por el coro de monjas del convento, con su órgano, mientras sigue proyectándose el mar. BENJAMÍN levanta el trozo de remo al aire y lo esgrime como una bandera.*)

¡Gracias Antón! ¡Gracias Quilla, amigo! Descansa en paz.

(*Sube el sonido del Lacrimosa, tapando el ruido de la boga y llenando el escenario.* Benjamín *se santigua y sale. Queda solo iluminada, sobre la caja de pino: La máscara de plata. Luego oscuro.*)

Fin.

Esta primera edición de *mil amaneceres*,
de José Luis Alonso de Santos, terminó de imprimirse
en noviembre de dos mil veinticinco,
en Madrid.